三大师传

巴尔扎克、狄更斯、陀思妥耶夫斯基

【奥】斯蒂芬·茨威格（Stefan Zweig）/著　　李　亮/译

中华工商联合出版社

图书在版编目（CIP）数据

　　三大师传：巴尔扎克、狄更斯、陀思妥耶夫斯基 /
（奥地利）斯蒂芬·茨威格著；李亮译. --北京：中华
工商联合出版社，2019.3
　　ISBN 978-7-5158-2076-7

　　Ⅰ. ①三… 　Ⅱ. ①斯… ②李… 　Ⅲ. ①巴尔扎克（
Balzac，Honore De 1799－1850）—传记②狄更斯（Dickens，
Charles 1812－1870）—传记③陀思妥耶夫斯基（
Dostoyevsky，Fyodor Mikhailovich 1821－1881）—传记
Ⅳ. ①K835.655.6②K835.615.6③K835.125.6

　　中国版本图书馆 CIP 数据核字（2019）第 023565 号

三大师传
——巴尔扎克、狄更斯、陀思妥耶夫斯基

作　　者：【奥】斯蒂芬·茨威格（Stefan Zweig）
译　　者：李　亮
策划编辑：魏鸿鸣
责任编辑：林　立
封面设计：周　源
责任审读：李　征
责任印制：迈致红
营销总监：姜　越
营销企划：徐　涛
营销推广：王　静
出版发行：中华工商联合出版社有限责任公司
印　　刷：天津旭丰源印刷有限公司
版　　次：2019 年 4 月第 1 版
印　　次：2023 年 4 月第 4 次印刷
开　　本：710mm×1020mm　1/16
字　　数：160 千字
印　　张：13.5
书　　号：ISBN 978-7-5158-2076-7
定　　价：49.80元

服务热线：010－58301130
销售热线：010－58302813
地址邮编：北京市西城区西环广场 A 座
　　　　　19－20 层，100044
http://www.chgslcbs.cn
E-mail：cicap1202@sina.com（营销中心）
E-mail：gslzbs@sina.com（总编室）

工商联版图书
版权所有　侵权必究

凡本社图书出现印装质量
问题，请与印务部联系。
联系电话：010－58302915

序

　　为了给《传世励志经典》写几句话，我翻阅了手边几种常见的古今中外圣贤大师关于人生的书，大致统计了一下，励志类的比例，确为首屈一指。其实古往今来，所有的成功者，他们的人生和他们所激赏的人生，不外是："有志者，事竟成。"

　　励志是动宾结构的词，励是磨砺，志是志向，放在一起就是磨砺志向。所以说，励志不是简单的立志，是要像把刀放在石头上磨才能锋利一样，这个磨砺，也不是轻而易举地摩擦一下，而是要下力气的，对刀来说，不仅要把自身的锈磨掉，还要把多余的部分毫不留情地磨掉，这简直是一场磨难。所有绚丽的人生都是用艰难磨砺成的，砥砺生命放光华。可见，励志至少有三层意思：

　　一是立志。国人都崇拜的一本书叫《易经》，那里面有一句话说："天行健，君子以自强不息。"这是一种天人合一的理念，它揭示了自然界和人类发展演化的基本规律，所以一切圣贤伟人无不遵循此道。当然，这里还有一个立什么样的志的问题，孔子说："士不可以不弘毅，任重而道远。"古往今来，凡志士仁人立的都是天下家国之志。李白说：大丈夫必有四方之志，白居易有诗曰：丈夫贵兼济，岂独善一身，讲的都是这个道理。

二是励志。有了志向不一定就能成事，《礼记》里说："玉不琢，不成器。"因为从理想到现实还有很大的距离。志向须在现实的困境中反复历练，不断考验才能变得坚韧弘毅，才能一步一个脚印地逐步实现。所以拿破仑说：真正之才智乃刚毅之志向。孟子则把天将降大任于斯人描述得如此艰难困苦。我们看看历代圣贤，从世界三大宗教的创始人耶稣、穆罕默德、释迦牟尼到孔夫子、司马迁，直至各行各业的精英，哪一个不是历经磨难终成大业，哪一个不是砥砺生命放射出人生的光芒。

三是守志。无论立志还是励志都不是一朝一夕、一蹴而就的，它贯穿了人的一生，无论生命之火是绚丽还是暗淡，都将到它熄灭的最后一刻。所以真正的有志者，一方面存矢志不渝之德，另一方面有不为穷变节、不为贱易志之气。像孟子说的那样："富贵不能淫，贫贱不能移，威武不能屈。"明代有位首辅大臣叫刘吉，他说过：有志者立长志，无志者常立志，这话是很有道理的。

话说回来，励志并非粘贴在生命上的标签，而是融汇于人生中一点一滴的气蕴，最后成长为人的格调和气质，成就人生的梦想。不管你做哪一行，有志不论年少，无志空活百年。

这套《传世励志经典》共收辑了100部图书，包括传记、文集、选辑。为读者满足心灵的渴望，有的像心灵鸡汤，营养而鲜美；有的就是萝卜白菜或粗茶淡饭，却是生命之必需。无论直接或间接，先贤们的追求和感悟，一定会给我们带来生命的惊喜。

徐　潜

前　言

　　本书中收录的关于巴尔扎克、狄更斯、陀思妥耶夫斯基的三篇习作是我在十年中分别完成的，但把它们汇集在一本书里是早已有之的想法了。三篇文章共同的目的是把 19 世纪的三位长篇小说家——按我看来，这是三位绝无仅有的长篇小说家——作为伟大的代表，凸显出来。这三位小说家的个性对照鲜明，三者互相补充，或许他们可以把作为叙事世界塑造者的长篇小说的概念提升到一种更为清晰的形式。

　　在这里，我把巴尔扎克、狄更斯和陀思妥耶夫斯基三人称为"19 世纪绝无仅有的长篇小说家"，如此突出他们，可以说忽视了歌德、高特弗里特·凯勒、司汤达、福楼拜、托尔斯泰、维克多·雨果这些杰出的作家和其他作家个别的伟大作品，他们中有的人的作品成就远超过巴尔扎克和狄更斯的某些个别作品。所以我认为，在评价之前首先必须明确地界定我心中对一部长篇小说的作者和长篇小说家之间泾渭分明的区别。实际上，在最高意义上，只有百科全书派的天才、能够包罗万象的艺术家才能充当长篇小说家。他们用作品的广度和人物的丰富作为论据，塑造了整整一个宇宙，他们用自己的典型人物、自己的万有引力法则和自己的星空，在混沌的尘世之外创造出了一个属于自己的世界。他们尽己所能地用属于自己的典型特征，孕育出每一个人物、每一个事件，所以这些人物和事件不仅对他们自己而言是典型的，即便是我们，也因为这些人物、事件给我们的印象如此之深刻和栩栩如生，让我们深陷其中，甚至把它们用来固化地命名一些人物和事件。所以，我们现在常常这样鲜活地形容生活中的人们：巴尔扎克的人物，狄更斯的形象，陀思妥耶夫斯基的性格。

三位艺术家每个人都通过自己笔下众多的人物彼此一致地创造了一种生存法则、一种人生观，通过这些人物，最后出现了一种"新的世界形式"。想表现深藏在这种"新的世界形式"的内在法则，以及在隐蔽的统一之中的人物性格，是我写作本书的真正意图，所以本书并未写明的副标题可以叫作"长篇小说家的心理学"。

三位长篇小说家各自创造了属于自己的文学世界。巴尔扎克的世界是社会，狄更斯的世界是家庭，陀思妥耶夫斯基的世界是个人，也是众人。比较他们各自的世界，可以明显地看出三位小说家的区别。但是，这些区别从来不能够被转化为评价的高低，或是出于一个艺术家的民族性对他们的作品做出褒贬并对个别人的成就予以强调。因为每个伟大的创造者都是一个整体，他们按照自己独有的方式确定自己的界限和界定自己的分量；一部作品中只存在一个特殊分量，而不会有一种能被公正的天平测度出来的绝对分量。

本书中的三篇文章以了解上述作家的作品为前提：它们并不是导论，而是精练，是浓缩，是萃取——这三篇文章是经过凝练和压缩的，仅仅是把我个人感到是"本质"的东西当作"认识"

展现出来。我感到最为遗憾的是，在评价陀思妥耶夫斯基的部分里有些欠缺、不足是必然的，因为陀思妥耶夫斯基同歌德一样，他们的作品内涵是广袤无垠的，即使有无限宽阔的篇幅也难以将它们全部涵盖和包括。

    我很希望在一位法国人、一位英国人、一位俄国人的宏伟形象旁边再加上一个具有代表性的德国长篇小说家肖像——这应当也是一位"叙事世界塑造者"的肖像——就像我使用"长篇小说家"一词称呼时赋予他们的那种崇高的意义。但无论过去还是现在，我都没有找到适合最高意义级别的"叙事世界塑造者"的一位德国作家。期望并呼唤在未来能出现一位这样的长篇小说家，请让我向这位身在远方的大师致以问候，也许这就是本书的意义所在。

奥地利萨尔茨堡　　1919 年

目　录

巴尔扎克　001

狄更斯　045

陀思妥耶夫斯基　083
(一) 百家齐鸣　085
(二) 面孔　090
(三) 他的人生悲剧　092
(四) 他命运的意义　110
(五) 陀思妥耶夫斯基笔下的人物　127
(六) 现实主义和虚幻妄想　145
(七) 建筑学与激情　162
(八) 边界的跨越者　175
(九) 上帝的折磨　187
(十) 凯旋人生　201

巴尔扎克

　　1799 年，巴尔扎克在都兰——法国中部一个物产丰饶的省份、带给拉伯雷①欢快和开朗的家乡——出生了。1799 年 6 月，这个日期值得我们一再提及，拿破仑——被他搅得动荡不安的世界还称他为"波拿巴特"——半是胜利者半是逃亡者地从埃及返回了法国。拿破仑在异国他乡的星辰照耀下、在作为证人的金字塔面前杀伐征战，然后又懒于把这项轰轰烈烈地开始的工程有始有终地完成，只搭乘一艘小船，略过纳尔逊②埋伏在港湾里的那些轻型护卫舰，悄然回国。回到法国后没几天，拿破仑就召集来一批忠实的追随者，把桀骜不驯的国民公会一网打尽，把法兰西的统治权一把抓了过来。新世纪的人们脑海中再也没有那个小个子将军，再也没有那个来自科西嘉岛的冒险家了，人们只认得拿破仑——法兰西帝国的皇帝。这之后还有十至十五年——这正好是巴尔扎克的少年时代——拿破仑对权力如饥似渴的双手有力地掌握住了半个欧洲，他充满勃勃野心的梦想像搭上了雄鹰的翅膀，攫住了从东方到西方的整个世界。巴尔扎克回忆中最初的十六年和法兰西帝国的十六年恰好是合并到一起的。这也许是世界历史上最神奇、最诡异的时代，对于一个认真经历一切的巴尔扎克而言，这个时代里发生的并不是无关紧要的事情。

──────────

　　① 拉伯雷，法国文艺复兴时代作家，作品有《巨人传》。
　　② 霍雷肖·纳尔逊，英国 18 世纪末及 19 世纪初的著名海军将领及军事家，1798 年 8 月尼罗河口海战中带领皇家海军胜出。在 1805 年的特拉法尔加战役中击溃法国及西班牙组成的联合舰队，迫使拿破仑彻底放弃了从海上进攻英国本土的计划。

　　一个人早年的经历和命运不正是对他的内心和外在的投射吗？如果有一个人，他从湛蓝的地中海里的某座小海岛上来到繁华的大都市巴黎，没有朋友也没有事业，没有名望也没有头衔，突然凭借猛力，把暴力抓在手里；如果有一个人——一个初来乍到的外乡人，赤手空拳、仅凭一己之力就赢得了巴黎，然后又赢得了法兰西，最后甚至赢得了全世界——世界史里记载的这种冒险家的性格不是被文字的黑墨记录在传奇和逸事中，以令人难以相信的方式传授给巴尔扎克的，而是色彩纷呈地、通过巴尔扎克如饥似渴般敞开着的感官渗入他所经历的日常中。这些亲身经历带来的影响，势必让拿破仑成为巴尔扎克心目中的榜样。年轻的男孩巴尔扎克也许是看着那些拿破仑大军的公告学会识文辨字的。那些公告语气骄傲，措辞有力，以一种古罗马式的、慷慨激昂的形式，讲述着拿破仑在远方取得的胜利。巴尔扎克那少年的手指笨拙地在地图上描绘着拿破仑和将士们的行军路线。地图上的法兰西犹如一道水满外溢的河流，渐渐淹没了整个欧洲。

　　拿破仑的大军今天越过切尼山①，明天横穿内华达山②，跨过无数河流，前往德国，他们踏过冰雪覆盖的大地，前往俄罗斯，再渡过大海，最后来到直布罗陀海峡。英国人用燃烧的炮弹打得法军的浅水舰队熊熊燃烧。白天，士兵们还在大街上和少年巴尔扎克玩耍，他们的脸上刻着哥萨克人用马刀留下的疤痕；夜里，少年巴尔扎克却不时地被炮车开动的隆隆声惊醒——火炮车

---

　　①　切尼山，阿尔卑斯山支脉，在意大利。
　　②　内华达山，在西班牙。

开往了奥地利，要在奥斯特里茨①炸开俄罗斯骑兵马蹄下的冰层。

想必巴尔扎克青少年时代的全部渴望和梦想都化作了一个催他向上的名字，进而幻化为对这个人的思念和想象，那就是——拿破仑。巴黎壮观的大花园一直伸向世界，花园前面立起了一座高昂的凯旋门，被征服的半个世界的城市名字都镌刻在凯旋门上。而当外国军队后来也从这座高傲的拱门下开进巴黎城时，想必那种君临天下的感觉又会转变为一种怅然若失。

烽火连天的外部世界里所发生的一切，都变成了深印在少年巴尔扎克心底并难以忘怀的经历。他小小年纪就已经历了价值观的彻底变化，经历了精神价值和物质价值天翻地覆的巨变。他眼看着法兰西第一共和国时期②发行的面值一百法郎或一千法郎的纸币——上面还盖着法兰西共和国的印章，转瞬就化为迎风飞舞的废纸。年轻的巴尔扎克手中滑过的金币上，时而刻着被枭首的国王肥胖的侧像，时而刻着象征自由的雅各宾党人的帽子，时而刻着执政者③那罗马人般的面孔，时而刻着身穿皇帝礼服的拿破仑像。在一个变化如此剧烈的时代，道德、金钱、土地、法律、等级——千百年来限定在固定界限里面所有的所有——或是被渗透，或是被颠覆。

生活在这样一个随时发生着如此之多从未有人经历过的变动

---

① 奥斯特里茨，位于今捷克境内。1805 年 12 月 2 日，法军在皇帝拿破仑·波拿巴的率领下，在这里战胜俄国沙皇亚历山大一世和奥地利皇帝弗朗西斯二世率领的俄奥联军，史称"三皇之战"。

② 是法国大革命期间建立的法国历史上第一个资产阶级共和国，1792 年 9 月 22 日，新选出的议会即国民公会开幕，国民公会通过废除君主制的议案，宣布成立法兰西共和国——历史上称为法兰西第一共和国。热月政变后，又相继有热月党人、督政府和执政府时期。1804 年 5 月被拿破仑建立的"法兰西第一帝国"所代替。

③ 即拿破仑，他在 1799 年雾月（11 月）18 日政变后担任第一执政者。

的大时代，巴尔扎克很早就意识到"一切价值都是相对的"这个道理了。当少年巴尔扎克迷离的目光想为变幻莫测的世事找到一个象征的中心、想在汹涌翻腾的波涛之巅寻找一个能给他以指引的星座时，在变幻起伏的世事之中只有他——拿破仑，只有这个人在对外界发生影响，成百上千种波动和震荡都是由他而起。巴尔扎克也亲眼见证和亲身经历了拿破仑本人及其相关事件。巴尔扎克亲眼看到了拿破仑检阅部队，拿破仑被人群簇拥着，人群中有马麦卢克人吕斯当①，有约瑟夫②——拿破仑把西班牙赐给了他，有缪拉③——拿破仑把西西里岛赐给了他，还有叛徒贝尔纳多特④……及所有被拿破仑从他们往日的卑微渺小和籍籍无名中提拔出来，并有了今天光芒万丈的显赫地位之人。拿破仑为着他们而铸造王冠，夺取王国。

恍惚间，巴尔扎克的脑海中就显现出了拿破仑这个鲜明生动的肖像，他比历史上所有的英雄形象都更加雄伟，他是一位多么伟大的世界征服者啊。对于一个孩子来说，亲眼看见一位世界征服者，不就意味着自己也应该梦想着做一个这样的世界征服者吗？与此同时，还有两位世界征服者蛰伏在另外两个地方——一位在哥尼斯堡⑤，他使世界的动乱和混沌消弭于某种秩序中，另一位在魏玛⑥，他作为一个诗人所拥有的世界并不比拿破仑靠军

---

① 吕斯当，拿破仑的贴身仆从。

② 约瑟夫·波拿巴特（1768—1844），拿破仑的长兄，拿破仑封他为西班牙国王。

③ 约阿希姆·缪拉（1767—1815），拿破仑的妹夫，拿破仑封他为那不勒斯国王。

④ 让·巴布提斯特·贝尔纳多特（1753—1844），拿破仑手下元帅。后参加反拿破仑联军，1818年即位成为瑞典国王卡尔十四世。

⑤ 指的是德国哲学家康德。

⑥ 指的是德国诗人歌德。

队拥有的东西贫乏——但是对少年巴尔扎克而言，他们两位现在看来还过于遥远，他们的魄力还无法让巴尔扎克切实地感受到。只想占据全部而不满足于局部，总是不知疲倦地追求以获得整个世界——这种强烈的激情和冲动、这种狂热无比的勃勃野心，首先来自拿破仑对少年巴尔扎克的榜样作用。

初时巴尔扎克对自己未来从事什么职业一直下不了决心，虽然拥有了强大无比的、想要征服世界的意志，但年少的巴尔扎克还不可能一下就清楚地知道自己以后该走的道路。也许他早两年出生的话很可能作为一名十八岁的青年加入拿破仑大军的行列中，也许还会在贝拉里昂丝①向被英国人用霰弹扫射的高地冲锋。然而历史往往不喜欢重现，被拿破仑时代挟裹着疾风暴雨天气而来的，是使人萎靡不振、恹恹困顿的、死水一滩的无力夏天。在路易十八②的治理下，佩刀变成作为装饰的佩剑，曾经的赳赳武夫摇身变成了内廷的佞臣，政治家们也沦为阿谀逢迎的能手。他们不再拥有实干者的拳头，女人用柔软的素手送出恩宠和赏赐，权高位重完全来自偶然的收获。公众的生活开始平淡无奇，甚至逐渐消亡；时政事件的波涛汹涌不复往昔，直至汇入一潭死水。单凭武器不再能轻易地征服世界，拿破仑的名字对个别人是榜样，对更多人却是震慑，那么就只剩下从事艺术行业这一条路了。于是巴尔扎克开始尝试写作，但他和别人不同，他写作不是为了谋生，不是为了娱乐，也不是为了把自己的作品装满一个书架，让它们成为街谈巷议者的谈资；他所渴求的，不是得到文学世界中一根元帅的权杖，而是摘取那顶属于皇帝的皇冠。

①　贝拉里昂斯，是一座旅馆，滑铁卢战役期间被拿破仑用作指挥部。
②　路易十八，1814—1824年在位，法国波旁王朝复辟后的第一个国王。1795年，路易十七于狱中去世，路易十八被立为国王，他在位期间多数时间居于国外。

巴尔扎克在一间斗室里开始了自己的写作。他用的是笔名，大概是想先试试自己的写作能力。巴尔扎克先创作了几部长篇小说，是的，这些并不是正式的战役，而只是战争游戏、只是演习，他对这几部长篇小说取得的成功并不满意，对轻而易举就获得的战绩并不满足，他暂时扔掉自己手头的书稿，用了三四年的时间去从事其他职业，比如在一位公证人的办公室里做文书工作。在这期间，他把目光深入到大千世界的内部，观察着，审视着，享受着，然后，再一次开始写作。

再次开始写作的巴尔扎克是怀着宏伟志向的，他旨在全局，他以巨大的、走火入魔般狂热的贪欲，毫不在意并摒弃那些渺小个体、个别现象，一心只想抓取处于强烈波动中的盘旋之物，只想窥探出原始本能驱动下神秘齿轮的运转轨迹。他要从世间万物组成的混浊的劣酒中提炼出属于他的纯净元素，他要从那一团乱麻似的数字中求出最后的结果，他要从喧嚣扰攘的无边噪声中寻一丝和声，他要从千姿百态的人生中萃取出精华，再把这个属于他的新的世界挤进蒸馏瓶里保存下来——简而言之，他是要再创造一个新世界——这就是他写作的目的。当然，在他进行这项工作的过程中，丰富多彩的人生也不能有一丝一毫的丢弃，要想把无限之物化作有限之物，把人力无法企及之物变成所能办到之物，只有一个过程，那就是萃取、压缩、凝练。

巴尔扎克把他的全部力量都投入将各种人物形象挤在一起中去，他要先经过仔细的筛选，剔除那些并非事物本质的东西，只把纯净的、有价值的形体保留下来，让它们通过筛子进入他的蒸馏瓶中。分散的、个别的形体们在巴尔扎克火热的双手中得到挤压和凝练，它们呈现出一种壮观的、千姿百态的形式，然后再被放进一个生动具体的、一目了然的形象体系中，这个过程正如林奈①把数以亿计的植物分门别类地做成一览表，又像化学家把难以胜数的化学成分分解成化学元素——这，正是巴尔扎克要征服文学世界的野心。巴尔扎克先使这个世界得以简化，然后对其加以统治，再把已经被他驯服的世界压缩到如同《人间喜剧》一般气势宏大的蒸馏瓶里。通过这一系列蒸馏过程后，巴尔扎克笔下的人物就永远是典型的存在，永远是对一部分人类的概括。巴尔扎克身上具有一种从未有过的艺术意志，能把那些被他概括出来的典型人物身上一切多余的、不重要的东西全部摒除。巴尔扎克仿佛对他们实行了一种集中式行政制度，把中央集权式的行政管理方法推行到了他的文学作品及塑造的人物中去。

和拿破仑一样，巴尔扎克把法兰西作为世界的范围，把巴黎作为世界的中心。他在巴黎的圈子中又画出了若干圈子，有贵族圈子、神职人员圈子、工人圈子、诗人圈子、艺术家圈子和学者圈子。他用五十个贵族沙龙创造了一个德·卡迪昂公爵夫人②的沙龙；用上百个银行家塑造出特·纽沁根男爵③；用所有的放高利贷者塑造出高普赛克④；用所有的医生塑造出贝纳西⑤。巴尔扎克让这些形形色色性格迥异的人之间建立起一种非常紧密的联系，彼此频繁接触并产生激烈地斗争。

生活创造出千百种游戏方式，巴尔扎克只创造出一种。他的

① 卡尔·封·林奈（1707—1778），瑞典籍生物学家，动植物双名命名法的创立者。

② 小说《卡迪央王妃的秘密》中的女主人公。茨威格把她译或"德·卡迪昂公爵夫人"。

③ 《人间喜剧》中最具代表性的小说之一——《高老头》中高老头的二女婿。

④ 巴尔扎克著名的中篇小说《高利贷者》的主人公。

⑤ 巴尔扎克作品《乡村医生》中着力刻画的全心全意为公众服务的医生。

世界中没有混合的类型，他的世界远比现实世界贫乏，但比现实世界紧凑。因为他的人物都是提炼出来的形象，他的激情全是纯净的元素，他的悲剧都是凝练的产品。和拿破仑一样，巴尔扎克的作品也从征服巴黎开始，接着再夺取一个个外省——在某种意义上，每个地区都派遣自己的发言人来到巴尔扎克创造的议会里，然后巴尔扎克就像百战百胜的拿破仑把他的军队投向其他国家那样大举进攻，一会儿把他的人马派到挪威海湾，一会儿把他们派到西班牙烈日曝晒的平原上，一会儿派到埃及火焰赤红的苍穹下，一会儿又派到冰天雪地的别列津纳河①的大桥边——把他们派到所有能派到的地方去。巴尔扎克征服世界的意志比他的伟大楷模拿破仑更强烈。

跟榜样拿破仑在两次征战间会稍事休息，创作他著名的《民法法典》一样②——巴尔扎克在《人间喜剧》中征服世界之余也稍事休息，写出了一部《爱情婚姻的道德法典》。这是一部纲领性的论著，在用环绕世界的鸿篇巨制组成的画布上，俏皮地用忘情恣肆的《都兰趣话》③描绘出一幅阿拉伯式的图案。他从极端阴霾的苦难中、从农家小草屋走到圣·日耳曼区的豪华宫殿，闯入拿破仑的内室，他拆除所到之处的所有墙壁，随之为层层封闭的密室揭开秘密。他在布列塔尼④的帐篷里和士兵们一起休憩，在交易所投机赌博，在剧院的布景后面窥视，审视学者的工

---

① 别列津纳河，1812 年拿破仑大军从莫斯科败退，途经尼门河的支流别列津纳河。1812 年 11 月 26—28 日在此发生激战，拿破仑在退路被俄军切断的情况下，以法军一部在别列津纳河下游佯装渡河，而主力在斯图蒂扬卡架桥渡河，大军得以撤到对岸。

② 即《拿破仑法典》。

③ 《都兰趣话》是一部《十日谈》式的短篇故事集。

④ 布列塔尼地区是法国西部的一个地区。

作……几乎没有一个角落不为巴尔扎克笔端喷出的魔术般的火焰所照射到。

巴尔扎克的"大军"由两三千人组成：他们就是他凭空创造出的人物，他们就在巴尔扎克的手掌上长大成人。他们从无到有地被创造出来，来到世界上时赤条条一丝不挂，巴尔扎克为他们披上衣服，给予他们头衔和财富，再剥夺他们的头衔和财富，就像拿破仑对待他的元帅们那样，他和他们嬉戏，把他们搞得晕头转向。巴尔扎克笔下的世界中发生的事件各式各样，数不胜数，这些事件的背景壮丽无比。就像拿破仑征服世界，只存在于现代历史中，那么，这种在《人间喜剧》里征服世界、双手紧握住这些被整体压缩的人生，也只存在于现代文学中。但是征服世界是巴尔扎克少年时代的梦想，早年的意图比什么都强劲有力，它一定会变成现实。巴尔扎克不是还明白无误地在拿破仑的塑像下写了这么一句话："他用剑未竟的事业，我将用笔予以完成。"

巴尔扎克的主人公也都和他本人一样。大家都有强烈的征服世界的欲望，强烈的向心力把他们从外省、从他们的故乡，纷纷不断地抛向了巴黎。巴黎就是他们的战场。五万个年轻人，整整一支大军，如潮水般涌向巴黎，他们全都是初出茅庐、锋芒未露、纯洁无瑕的新锐力量，渴求在巴黎的大世界里一显身手。无数混沌未明的活力聚集在这里，在这狭窄的空间里互相冲撞，犹如炮弹般地毁灭自己，促使自己奋发向上，互相拖拽着一齐跌进深渊。谁也没有预先保留的席位，每个人都必须要占领演说家的讲台，把那叫作"青春"的金属锻造成一种武器——这种金属坚硬而柔韧，就像钢铁一样。他们把精力全部集中起来，变成一堆疯狂无比的炸药。这场文明内部的斗争，不见得比拿破仑在战场上的厮杀稍有逊色。巴尔扎克的骄傲在于，他证明了这一点，作为第一人，他向浪漫派的作家们高呼："我的市民阶层的悲剧比你们的悲剧更具悲剧性！"

巴尔扎克书中的这些年轻人在大时代里首先学到的便是冷酷无情的生存法则。他们知道，他们的人数太多了，所以每个人都必须像罐子里的蜘蛛一样互相吞噬——这幅图像属于伏脱冷①，巴尔扎克笔下的宠儿。他们必须把他们用"青春"锻造出来的武器再放到"经验"那如火如荼的毒汁里去淬火，只有幸存者才是正确的。他们从32个风向涌来，犹如"法兰西大军"里的无套裤汉②在前来巴黎的路上磨穿了脚上的鞋，大道上的滚滚烟尘沾满了他们的衣裳。他们的喉咙干得冒火，急切地渴望得到享受。在时髦、财富和权力聚集的魔术般的全新天地里，他们惊喜地环顾四周，感到为了占领这些宫殿、女人和权力，他们随身带来的那些可笑的东西全都毫无价值。为了使他们的才能在这个全新天地里展现出来，他们必须有所转变——把青春活力转变为死磕到底，把聪明智慧转变为阴谋诡计，把可亲信任转变为虚情假意，把美丽心灵转变为丑恶勾当，把勇于冒险转变为阴险狡猾。

因为巴尔扎克笔下的主人公们的性格都表现为欲壑难填，他们渴望全面的占有。他们大都有着同样的冒险经历：一辆轻快的双人马车从主人公们的身旁绝尘而去，车轮溅了他们一身泥水，车夫轻松地挥舞着马鞭，车内坐着一位年轻迷人的女子，她头发上戴的首饰在阳光照射下闪烁着扑朔迷离的光彩。女子对主人公们只留下回眸一瞥，马车便飞速闪过。她是那么的迷人，姿容秀丽，她是享乐的象征。巴尔扎克所有的主人公此时此刻只有一个

---

① 《人间喜剧》中的人物，一个玩世不恭的无政府主义者。

② 无套裤汉，法国大革命中出现的众多革命团体之一，是资产阶级激进派政治团体，拥护雅各宾派的激进主张。

心愿：这个美丽的女人，这辆轻快的马车，这些忠实的仆人，所有这些财富，巴黎和整个世界，全都应该为我所有！

作为榜样的拿破仑体现出的是：即便自己出身极其寒微，也可以通过自己的不择手段得到全部。好吧，这个榜样可以说是毁了这些年轻的主人公，他们可不像自己的父辈，在外省为了一片葡萄园或是一笔遗产争来打去，他们争夺的是象征，是权力，是青云直上的机遇，目的只有一个：一举进入那闪耀着享乐之光的上等圈子。在那个圈子里，王国的百合花太阳①是那样的光彩夺目，如流水般而来的金钱将从指缝中毫不留恋地流过，就这样，他们变成了巴尔扎克笔下那些野心勃勃的显赫人物，巴尔扎克赋予他们更加强健的身体、更加雄辩的口才、更加激烈的欲望，尽管他们的人生历程也发展得更为迅速，但却比普通人过得更加有声有色。生命不要长，而要好。他们是通过自己的奋斗将梦想照进现实的人，正如巴尔扎克所说的，是些"在物质生活中写作诗歌的诗人"。

主人公们向上层圈子发起进攻的途径有两条，一条是为少数天才开启的特殊道路，另一条路则面向普通人。为了实现光彩夺目的权力梦想，他们必须得找到一种适合自己奋斗的方式，或者通过学习别人的方式和方法来取得成功。巴尔扎克笔下了不起的宠儿形象——无政府主义者伏脱冷②这样传授自己的方式："你得像颗杀伤力极大的炮弹，射到那些阻止你达到目标的人堆里去，要不就像瘟疫似的，蔫不唧儿地把他们统统毒死。"

巴尔扎克自己的创作起步于拉丁区的一间斗室，他的主人公

---

① 百合花太阳，法国波旁王朝的家徽，法国国王太阳王路易十四的象征。

② 伏脱冷，巴尔扎克在《高老头》《幻灭》《娼妓荣辱记》中刻画的资产阶级野心家的形象。

们——来自社会生活中的各种原型也在这里聚首了。学医的大学生德斯普兰、到处钻营的拉斯蒂涅、哲学家路易·朗贝尔、画家布利朵、新闻记者吕邦普莱①——这是一群年轻人，他们是还未定型的元素，展现出了尚未充分发育的纯粹性格。本来他们的整个人生都应该围绕着伏盖公寓②这个传奇般的寄宿地的一张餐桌来展开。但很快，这些年轻人被巴尔扎克投进了巨型的人生蒸馏瓶中，经过各种激情的几番炽热烧烤，又经历诸般失望，而后冷却、凝固、冰冻、麻木，屈服于社会生活和自然事件形形色色的影响，经过机械性的反复摩擦、磁铁般的无敌吸力、化学般的不可抗腐蚀、分子的无休止分解，这些人都得到了彻底的改造，失去了他们原来真实的本质。名叫"巴黎"的可怕酸液把这批人纷纷地溶解，先慢慢腐蚀他们，再把他们毫不留情地排泄掉，让他们从这里彻底消失；而对另一拨人则完全不同，"巴黎"使之结晶，浴火提炼，坚若磐石。

所有的染色、变化和凝聚作用全都作用于这些人的身上，摩擦与吸力等那些元素与被加工的原料使他们形成了一种新的复合物。十年后，这些经过各种改造依然残存下来的人们，带着预言者胜利的微笑站在人生舞台的高处互相问候。德斯普兰已是一代名医，拉斯蒂涅进入了上层社会，布利朵成了伟大的画家，而路易·朗贝尔和吕邦普莱则被命运的飞轮攫住并碾成粉末。

巴尔扎克并不是漫无目的地喜欢科学，或浮光掠影地研读居

---

① 德斯普兰、拉斯蒂涅、路易·朗贝尔、布利朵、吕邦普莱分别是巴尔扎克小说《高老头》《路易·朗贝尔》及其他小说中的人物。

② 伏盖公寓，巴尔扎克小说《高老头》中的故事发生地。

维叶①和拉瓦锡②的著作的。在多种多样的化学活动过程中，在复合物简化为原子的过程中，巴尔扎克认为亲和、吸引、排斥、分解、排泄比任何活动都能更好地反映社会组合的图像。他认为每一个人都是一个产品，这个产品是由气候、环境、习俗等突发事件和命运共同作用而组成的，他们是由被命运决定的、能触及他们的各种事件的化学作用所形成的。所以，每一个人都在某种气氛中汲取到属于他的本性，而这是为了便于他们经过加工后再释放出一股新的气氛——这种经由内心世界和周围世界共同作用所产生的无所不包的制约性，是巴尔扎克笔下世界的公理。在社会的本质上，这些有机物在无机物上留下的印迹、这种生动活泼的东西在抽象的东西上留下的痕迹、这种精神上暂时拥有的积累物，把整个时代塑造的产品一一记录下来。

在巴尔扎克看来，记录这些提炼过程似乎是艺术家最崇高的任务。所有的东西都在互相渗透，任何力量都游走不定，在这个过程中没有任何一股力量是自由或独立的。这种毫无限制的相对性对所有的延续性——即便是性格的延续性，都给予了否定。巴尔扎克总是通过各种事情使他笔下的人物逐渐形成，就像把陶土放在命运的手里使其塑造成形一样。

巴尔扎克的主人公们的姓名并非一成不变的，像上述过程一样，其中也包括一种转变。德·拉斯蒂涅男爵和法兰西贵族院的议员们出现在二十部巴尔扎克的长篇小说中。我们以为在作品中早就认识他了——在大街上或者是沙龙里或者是报纸上认识

---

① 居维叶（1769—1832），法国动物学家，地质学家，比较解剖学和古生物学的奠基人。

② 拉瓦锡（1743—1794），法国著名化学家，近代化学的奠基人之一，"燃烧的氧学说"的提出者。

他——这是一个肆无忌惮的、如雷贯耳的人物，这位冷酷无情残忍至极在巴黎极尽所能钻营者的典型，像鳗鱼一样滑过各个隐蔽的法律角落，出神入化地表现了一种腐化堕落的社会中所信奉的道德感。但是请看看另一本书，那本书中也有一位拉斯蒂涅，他是位来自外省的年轻贫穷的贵族，父母亲含辛茹苦地把他送到巴黎，对他寄予厚望，却不能在金钱和物质上资助他。他是个性格温柔随和、谦虚谨慎、多愁善感的年轻人。这本书又告诉了我们，拉斯蒂涅如何沦落到这家名叫伏盖的公寓里，落入那口重塑人物命运的女巫之锅中。

巴尔扎克创作出了一种简化缩短的天才表现方法，他在四面裱糊得很难看的墙壁里包容了丰富多彩的人生、变化万千的气质和性格。在这里，拉斯蒂涅看到了那个无人问津的"李尔王"高里奥老头的悲剧，看到了圣·日耳曼区穿得珠光宝气的公主们如何贪得无厌地向年迈的父亲欺骗和索取，看到了一切社会上的无耻下流都融在一出悲剧里。后来拉斯蒂涅和一个仆人还有一个侍女一起，帮这位心地善良得过分的老人入土为安，他站在拉雪兹公墓的山坡上，在满腔怒火就要喷薄而出的时刻，看着眼前的巴黎昏黄暗淡，污浊不堪，犹如一片无可挽回的重度溃疡。此时此刻，拉斯蒂涅明白了人生中的所有智慧。就在这时，那个逃跑的囚徒伏脱冷无情的声音在他耳边响起，高老头的悲惨遭遇给了他一个教训：对待别人得像对待拉邮车的马匹一样，狠狠地驱赶它们，让它们在车子前面用尽全力地拉车，到达目的地以后就让它们倒地身亡。在这一瞬间，他就变成了另外几本书里的拉斯蒂涅男爵——那个冷酷无情残忍至极的钻营者、巴黎贵族院的议员。

所有身在巴黎的主人公们都经历了拉斯蒂涅站在人生十字路

口的这一瞬间。他们所有人都变成了这场生存混战中的战士，每个人都在冲锋向前，踩过倒下者的尸体就能成就自己。巴尔扎克指出，每个人都有自己的鲁比孔①、自己的滑铁卢。同一帮人在宫殿、在茅舍、在小酒馆里进行着殊死的搏斗，在破烂不堪的衣服下面，神父们、医生们、士兵们、律师们显露出同样的欲望——那个无政府主义者伏脱冷对此知道得一清二楚，他扮演过各式各样的角色，在巴尔扎克不同的著作里出现，可他一直是同一个人，他是有意识地在做同一个人。

在现代生活人人半斤八两的表面下，暗流涌动的斗争在看不见的地下继续进行。内在的勃勃野心正和外表上的一律平等进行着顽强的对抗。既然每个人都有权利各凭本事地获得一切，那么人际关系便紧张了十倍。社会生活发展的可能性日益缩小，人的野心和干劲在生活中却成倍增长。

人们的干劲和彼此间进行的这种杀气腾腾且自我摧残的斗争深深地刺激了巴尔扎克。这些人的干劲指向同一个目的，表现为有意识的人生意志，这种人生意志也便是巴尔扎克的激情。对巴尔扎克而言，这种干劲是好的还是恶的、是效果卓著还是浪费生命全都无所谓，只要够剧烈就行。强烈的意志便是一切，因为这种意志是人的秉性，成功和荣誉这些表面的东西什么也不是，完全是由偶然事件决定的。

在巴尔扎克看来，如果一个小偷惶恐不安地把一个面包塞在袖子里，这种只会偷盗具体事物的小贼十分无聊，而那个大贼或者说职业盗贼，他是出于激情进行盗窃，并非仅仅为了获取偷盗

---

① 在罗马共和国时代，意大利北部的鲁比孔河是山南高卢与意大利的分界线，被划为禁止军队逾越的界限，因此在欧洲语言中"越过鲁比孔河"有其特殊含义。

的利益和结果。这种盗贼拥有将"整个人生据为己有"的眼光和境界，这种盗贼是了不起的盗贼。对巴尔扎克而言，测量各种效果、论证各种事实是历史学的任务，而揭示各种事物本质、各种强度，显然是诗人的任务。

达不到目的的力量是悲剧性的，因此巴尔扎克很爱描写被遗忘的英雄，对他而言，每个时代并不是只有一个拿破仑，也并不只是有历史学家笔下描画的那个拿破仑的形象，除了在1796—1815年征服世界的那个拿破仑，巴尔扎克还认识四五个拿破仑。其中之一也许阵亡在马伦哥①战役的战场上，他的名字是德赛②；第二个也许被真正的拿破仑派到埃及远征去了，离开了众多的伟大事件；第三个也许经历了异常惨烈的悲剧：他是拿破仑，可是他从未上过战场，而是不得不被埋没在某个外省的小地方，未能到战场上去叱咤风云一番，不过他的精力都耗费在了那些渺小的事情上面。

巴尔扎克也在作品中提到一些女人，她们若是在赤字王后③统治下，凭着曲意委身和美艳面貌也许会享有盛名，她们的名字也许会像蓬巴杜夫人④或者狄亚娜·德·波阿济哀夫人⑤的名字一样响亮。当巴尔扎克谈到那些终生潦倒、颠沛流离的诗人们时，荣光和名誉总是与他们的姓名擦肩而过，巴尔扎克得把荣誉

---

① 马伦哥，1800年6月14日，拿破仑在此大败奥军。

② 德赛，路易·夏尔·安东瓦尼·德赛·德·维古 (1768—1800)，法国将军，英年早逝。拿破仑麾下最有才华的将军之一。

③ 赤字王后，玛丽·安东瓦内特王后，路易十六的妻子。她在政治上滥用王权，嚣张跋扈，对国库的挥霍导致了法国大革命的爆发。

④ 蓬巴杜夫人 (1721—1764)，法国国王路易十五的著名情妇、社交名媛。是一个引起争议的历史人物。

⑤ 狄亚娜·德·波阿济哀夫人 (1499—1566)，法国国王亨利二世的情妇。

在作品中赠送给他们。巴尔扎克意识到，每个人的一生中的任何瞬间都可能有令人惊异的精力或干劲因为发挥不出来而白白浪费。他认为，当多愁善感的外省姑娘欧也妮·葛朗台①在他悭吝成性的父亲面前抖抖索索地把钱包交给表弟的那一瞬间所表现出来的勇气绝不亚于圣女贞德——后者的大理石塑像在法国每座城市的中心广场上熠熠生辉。

然而已经取得的文学上的成功并未使巴尔扎克这位明察秋毫的作家目眩神迷，也不会使他轻易被蒙蔽。他记述过无数人奋斗的辉煌业绩，他对作为社会催化剂的那些脂粉、混合物进行过深入细致的化学分解。巴尔扎克的眼睛对这些洞若观火，他只需要冷静地找出干劲的所在，在成千上万胡乱堆砌的事实中他总是能一眼就看到鲜活的紧张状态。在别列津纳桥上，人马挤成一团，拿破仑大军的残部争先恐后地想要挤上桥去到对岸，所有人都为了活下去绝望地拼命。卑劣的行径和英勇的行为重复上演的场面被压缩在一秒之内，巴尔扎克从中抓取了真正的、最伟大的英雄：那四十名架桥的士兵，他们是谁已经无人知晓，他们在整整三天的时间里站在冰冷刺骨的河水里架设那座通往生命之路的浮桥，湍急奔流的河水里夹杂着冰块，水深没及胸部，靠着这座"浮桥"，拿破仑大军近一半将士得以脱离险境。

巴尔扎克知道，在巴黎，被华丽的窗帘掩住的玻璃窗后面时刻在上演着悲剧，其惨烈程度不亚于朱丽叶之死、华伦斯坦②的

---

① 巴尔扎克小说《欧也妮·葛朗台》中的女主人公。

② 华伦斯坦，捷克贵族，席勒的历史剧《华伦斯坦》的主人公。1618 年捷克人民不堪忍受哈布斯堡王朝的民族压迫，在布拉格举行起义，三十年战争从此开始。华伦斯坦一生的活动主要集中在三十年战争中，作为神圣罗马帝国军队的总指挥，曾对战争进程发生过较大影响，后被人刺死。

结局、李尔王的绝望。巴尔扎克一再骄傲地重复这句结论："我的描写市民阶层的长篇小说，比你们的悲剧更富悲剧色彩。"他将浪漫主义深入到了人物的内心中：穿着市民服装的伏脱冷并不见得比巴黎圣母院里那个身上挂满铃铛的敲钟人加西莫多有所逊色；巴尔扎克笔下那些拼命钻营的人物的灵魂深处危峰兀立，怪石嶙峋，他们胸中激情和贪欲编织的丛林纵横交错，其让人恐惧不安的程度未必逊色于《冰岛魔王》①中恐怖的山洞。

　　巴尔扎克并没有躲在高高的帷幕背后笑看风云，他不是在远远地眺望历史事件或隔空欣赏异国情调之中寻找宏伟壮观，而是在一种自成一体的、独立而完整的感情变得与日俱增、愈发醇厚浓烈的过程中，寻找一种凝练的感情转向异常与众不同之处的细微变化。巴尔扎克意识到，只有凝成的一个整体不曾被打破时，某一种感情才是有意义的。一个人只有集中精力，全神贯注于一个目标，不为其他欲念和诱惑所分散心神或挥霍精力，他才会变得强大。只有当一个人用所有的激情和干劲把那些可能分散到其他感情上所用的养分都吸收到自己身上，甚至靠掠夺或打破常规的行为使自己强壮起来，他才会更加强大。就像一根树枝原本承载着多倍枝叶的分量，只有把它孪生兄弟般的枝条全都砍伐掉或者压抑它们的生长，这根树枝才能枝繁叶茂。

　　巴尔扎克描写的正是类似这根树枝的激情偏执狂，这种偏执狂只会以唯一的象征理解世界，他们会在散乱如麻、纠缠不清、错综复杂的人际关系中确认唯一的一种定义。这种"激情的机械学"是巴尔扎克唯物论的基本公理：他相信每一个个体都有同样

---

　　①《冰岛魔王》是雨果于1823年发表的第一部小说，里面除了爱情描写之外，其余全凭想象。

多的力量可以耗费——不论是把这些意志的渴求浪费在某些幻想上，还是在成百上千种激情中缓缓地消耗完它的精力，或者是把精力非常节约地保存着，以用于激烈突发的狂喜，或者是在爆裂燃烧的爆炸中耗尽最后一丝生命的火焰。有的人的生命很短暂，但他的生活未必是单一的；有的人始终如一地生活，但未必就活得不多姿多彩。

这种偏执狂对于一部只描写典型人物、只保留纯净元素的作品来说才是最重要的。巴尔扎克对不温不火的人毫元兴趣，只有那些把全部神经、全部肌肉、全部思想都系于某种人生幻想并对这种幻想的坚持始终如一的人，他才感兴趣。不论这种幻想是爱情还是艺术；是贪婪还是献身；是勇敢还是懒惰；是政治还是友谊……他们心系于哪种象征都行，但必须全心全意、全情投入。他们是一种激情式的人物，一种自创宗教并对其深信不疑、执着追求的狂热分子，他们对自己的信仰心无旁骛，追求过程中绝不左顾右盼。他们相互之间说的是不同的语言，是彼此都无法理解的自成一派的语言。

如果把一个美女送给一位文物收藏家——哪怕是绝色美女——他也不会奉若至宝；向坠入情网中的人许诺一个前程——哪怕是伟大前程——他也会弃若敝屣；送给一个吝啬鬼其他任何东西，除了钱——那他只会头也不抬地紧盯着装着钱的柜子。他们若是受到诱惑，为了别的激情背离了他本来心爱的激情，他也就毁了。因为肌肉不使用就会萎缩；筋络常年不伸展就会僵硬；一个一生专注于某种激情的能手、擅长于某种感情的专家，让他脱离原本的环境，换到一个别的领域里，他就会变成一个无用的人。任何一种发自内心被激发出来并成为偏执狂癖的激情都会对其他激情施暴，彻底断掉它们的生路，把它们连根拔起，使它们憔悴而死，而且它会把它们的汁水和养分都统统吸收进来据为己有。在一个吝啬鬼那里，爱情中的一切等级和转折、妒忌和悲伤、精疲力竭和极度兴奋都会反映在他疯狂的节省上；而在一个收藏家那里，这一切则反映在他强烈的收藏欲上。每一种完美无瑕的绝对状态都是把各种感情的整体汇集到一起的，强烈的片面性把被忽视的欲望的所有姿态都汇总在冲动的激情中。

巴尔扎克那些宏伟的悲剧就从这些偏执狂开始。金融巨头纽沁根将数百万钱财敛入囊中，他的经营才智远比帝国执政时期所有的银行家都更胜一筹，可是当他遇到一个无底限的人，他就变成了被人玩弄于股掌之间的幼稚可笑的稚童。而才华横溢的诗人投身到新闻事业中去，他将会像躺在磨盘上的一粒谷子被碾压得粉身碎骨。他们世界中的每一个梦中幻影、每一个象征都像耶和华一样专执和排他，除了自己所梦想和追求的这个激情，容不得其他任何别的激情。这些激情不分高下，它们像风景和梦幻一样并无等级之分，没有一种激情与其他激情相比是卑微的。

巴尔扎克写道："为什么不能写一部愚蠢的悲剧，羞怯的悲剧，胆怯的悲剧，无聊的悲剧?"愚蠢、羞怯、胆怯、无聊，这些感情也是能够给人以感动和激励的力量，只要这些感情足够强烈，它们也跟激情一样有意义。手掌上最浅薄的纹路也有属于它的活力和美好的力量，只要不知疲倦地向前奋进，或者咬住它的命运盘旋。这些原始的力量——如果要说得更确切些，是原始力量千变万化的形状——把它们自己从不同人的胸中拽出来，用社会氛围的客观压力煽动它们，用感情的鞭子鞭挞它们，用爱情与仇恨的魔幻汤药使它们迷醉，让它们在心醉神迷的状态中一路狂奔，然后再用"偶然"这块坚硬的石头把它们击得粉碎，再把它们重新压缩形成一个新的整体，又四分五裂地扯开，为它们建立各种新的联系，在吝啬者和收藏家、沽名钓誉之徒和声色犬马之流的幻梦间搭起桥梁，并不遗余力地维护各种力量的平衡，把每种命运都撕成像波峰和波谷之间深不可测、不可逾越的鸿沟，把人们从波谷抛到波峰，再从波峰扔到波谷，像奴隶一样随意摆布他们，不让他们在被驱赶中得到片刻的歇息。这个过程正像拿破仑带着他的大军横扫各个国家——把士兵们从奥地利带到旺代①，然后越过大海前往埃及和罗马，穿过勃兰登堡门②，又来到阿尔罕布拉宫③的山丘前，历经胜利和失败后又前往莫斯科，最后——一半人马躺在归途的桥上，或是被炸得血肉横飞，或是埋骨于草原的冰雪之下——先把整个世界塑造成一个个人物，再描绘出他们身在其中的背景，然后用颤抖激动的手指像操纵木偶似的控制他们——这是巴尔扎克的偏执狂癖。

正如他作品中那些不朽的偏执狂一样，巴尔扎克也是大偏执狂中的一个。在所有幻梦中，他都被冷酷无情的世界驱逐了出来，他对这个世界失望透顶。既然这个世界不喜欢初出茅庐毫无背景的人，也不喜欢生活在底层的穷苦人，那么巴尔扎克就埋首于无边的幽寂之中，为自己创造出一个世界的象征。这是一个属于他的、能为他所绝对主宰的世界，这个世界也会随他的操控而灰飞烟灭。真实世界发生的事件和他飞速地擦身而过，他不再想伸出手去抓住它们，他把自己锁在小房间里，牢牢坐定在书桌

---

① 旺代，位于法国西部，北接卢瓦尔河，西临大西洋。"旺代叛乱"是法国大革命中的一个重大事件。

② 勃兰登堡门位于德国首都柏林的市中心，最初是柏林城墙的一道城门，因通往勃莱登堡而得名。

③ 阿尔罕布拉宫，摩尔人国王的行宫，西班牙的著名宫殿，始建于13世纪，是阿拉伯艺术在西班牙的瑰宝。

旁，与笔下形形色色的人物一同生活，犹如收藏家埃利·玛库斯①与他的藏画一起生活。巴尔扎克从二十五岁起就对现实世界不那么感兴趣了——也有少数事情是例外，但这些例外注定会变成悲剧——他只把现实世界当作一种原材料、一种驱动他所创造的世界的飞轮运转的燃料。

巴尔扎克似乎有点害怕让两个世界拉近，他似乎是有意识地生活在真实世界之外，他自己创造的世界和另外那个世界接触时总会产生让他痛苦的效果。每天晚上八点，疲惫的巴尔扎克会上床睡四个小时，午夜时仆人再把他叫醒；当夜色中的巴黎闭上它通红的眼睛，沉沉夜幕落在人声如潮的大街小巷上，告别喧嚣嘈杂的现实世界悄然隐没，巴尔扎克的世界开始重现，他在现实世界之外用零零碎碎的元素和原材料建造他自己的世界。

接连几个小时，他在自己的世界中处于一种高温似的极度癫狂状态中，不断用黑咖啡刺激逐渐疲乏的感官，使之再次亢奋。他常常连续工作十小时、十二小时，有时甚至是十八小时，直到现实世界中的什么事情猛然把他从这个世界里拖拽出去，拉回到现实世界中去。在巴尔扎克由这个世界回到现实世界的乍然惊醒的几秒里，他的目光想必就是罗丹②在创作他的巴尔扎克塑像上给予他的那种目光：在九重云端骤然惊醒，一个跟头跌落到已然忘怀的现实世界之中。这种目光中充满了极度的惊慌失措，有点像是在大声惊呼。又像一个梦游者打出的手势，一只手正往瑟瑟发抖的肩上拉紧衣服，突然他在睡梦中被人摇醒，那个叫醒他的人还在大声地呼叫他的名字。没有一个诗人像巴尔扎克那样，强

---

① 巴尔扎克小说集《人间喜剧》中《婚约》里的人物。
② 奥古斯特·罗丹（1840—1917），法国雕塑家，被认为是 19 世纪及 20 世纪初最伟大的现实主义雕塑艺术家。

烈地沉湎于自己作品之中，忘却自我，深信自己塑造的幻梦；没有一个诗人的幻觉会如此接近自我欺骗的边缘。巴尔扎克并不像一般诗人那样，总是知道像驾驶机器一样使自己的激情适时地刹车，阻止高速运转的飞轮继续飞转下去，他也并不是总是知道把幻象和现实区分开来，在两个世界之间划分出一条明显的界限来。

有一本书记满了关于巴尔扎克的逸闻趣事，都是写他如何陶醉在写作创作中不能自拔的，他相信他笔下的人物都是活着的。这些趣事被叙述出来看起来是滑稽可笑的，还有些令人恐惧。比如有个朋友刚一走进他的房间，巴尔扎克就惊慌失措地朝他扑了过去："你看！这个不幸的女人自杀了！"等到朋友也惊慌失措地往后退时，巴尔扎克才发现他嘴里说的这个女人——欧也妮·葛朗台只生活在他自己创造的世界之中。

如果说他这种持续、强烈而完整的幻觉和疯人院里疯子的病态妄想是有所差别的，也许差别就只是他创造的新的世界与外部的真实世界之间的存在规则是一致的。但是，就其幻觉或妄想的持续、强烈和完整程度而言，巴尔扎克这种专心致志完全是地道的偏执狂患者那种专心致志。工作变成一种缓解陶醉和梦幻的镇静剂、安眠药，使他暂时忘却了对真实生活的饥渴。他的工作也不再是勤奋，代替勤奋的是高烧般的陶醉、梦幻和心醉神迷。巴尔扎克身在其中既能享受也会挥霍，他自己承认，热病似的工作状态对他而言是一种享受的手段。纵情驰骋的激情渴求者巴尔扎克像他作品中的偏执狂们一样，他之所以可以放弃其他任何一种激情，是因为他用创作的激情把其他激情替换了。爱情、名利、贪欲、赌博、财富、旅行、荣誉和胜利，他可以尽然抛弃所有可能激起生活感情的东西，因为他在创作中找到了比这些东西更加精彩的替代品。

感官犹如孩子，孩子无法区别真假、无法区别幻象与现实，只要喂饱就行，不论这种饱是真实的人生经历还是想象中的梦幻。巴尔扎克没有把享乐真实地供给他的感官，而是骗它们确有享乐，他用菜肴的香味使它们平息饥饿，却没法把这些菜肴端给它们，他一辈子都在欺骗他的感官。他自己的人生经历就是激情似火地参与他创造出的人物的享受。所以是他把十枚金路易扔在赌台上，站在一旁浑身战栗地盯着轮盘旋转，是他用炽热的手指把自己赢来的大把叮当作响的金币拢到眼前，是他在剧院里赢得了空前的欢迎，是他率领官兵冲上高地，用炸药包动摇了交易场所。

他笔下人物的所有欢乐都属于他，他那表面看来如此贫乏的生活就在这个极度欢乐的世界中度过。他像高利贷者高普赛克一样耍弄这些人物，耍弄那些饱受折磨的人——他们山穷水尽，求他贷款，他让他们像钓在钩上的鱼挣扎蹦跶，他高高在旁欣赏这些人的痛苦、快乐和折磨，就像观赏演员们各有千秋的表演——巴尔扎克的心在高普赛克脏兮兮的长袍下面说道："你们以为，像我这样深入人心最隐蔽的褶皱中，让它们赤裸裸地展现在我的面前是无所谓的事情吗？"巴尔扎克这位意志的魔术师把幻想融化，使之熔炼成生活。

据说，青年时代的巴尔扎克在简陋的斗室里靠吃干面包果腹，干面包就是他寒碜的饭菜——他在桌子上用粉笔画出几个盘子，上面写着他爱吃的美味佳肴的名字，凭着意志的转移功能，他啃着干面包就尝到了极品菜肴的美味。他用在这里尝到美味的方法，同样在他著作的魔幻汤中无限地痛饮着人生经历中的一切魅力。他就是这样靠他笔下奴仆们的财富和挥霍骗过他现实中的贫穷和拮据。当他在小说中写下"年金十万法郎"时,肯定感到了一种感官上的刺激,因为现实中他永远债台高筑,被债主步步紧逼。是巴尔扎克本人在埃利·玛库斯的藏画中翻来翻去,是他像高老头一样钟爱两个女儿,是他和塞拉菲塔①一起爬上他从未见过的挪威港湾的山巅,是他和吕邦普雷②一起享受女人们艳羡赞美的目光——就是巴尔扎克自己,是他让所有这些笔下世界的人物爆发出熔岩般四射的激情,他用或明亮或暗淡的药草为他们熬制幸福和痛苦。没有一个作家像巴尔扎克那样,和自己笔下的人物一起享受和经历一切。

正是在巴尔扎克描绘自己渴望财富的魔力时,人们比在艳遇或冒险中更强烈地感受到一个自我陶醉者对自己的迷恋,看到一个孤独的大麻吸食者编织的幻梦:数目暴涨后又剧跌,贪婪地赢得巨额款项又顷刻化为乌有,资本在手上抛进抛出,价格陡然飙升,价值突然暴跌,一切无休无止的涨跌都是巴尔扎克内心深处潜藏着的激情。他让几百万金币像疾风骤雨似的降落到一文不名的乞丐头上,又让大量资本如水银般从柔软的素手中消失,他怀揣着最强烈的占有欲描画出象征着金钱魅力的郊区宫殿。几百万、几十亿,这些数字将与那让人无可奈何的结局"再也说不了话"如影相随,与充满渴求的感情如痰般被磕磕绊绊地吐出去。富丽堂皇美轮美奂的华丽宫殿犹如后宫里情欲高炽的妃嫔们挨在一起,权力的象征犹如价值连城的奇珍异宝堆积如山地陈列在眼前。

这一阵一阵的癫狂热病如沸腾的火焰一直燃烧到他的手稿里

---

① 巴尔扎克小说《塞拉菲塔》的主人公,是一个兼有男性和女性特点的畸形人。
② 吕西安·德·吕邦普雷,巴尔扎克小说《邦斯舅舅》中的人物。

面。关于这一点，我们可以从巴尔扎克手稿中看出来，原本平静、娟秀的字行突然暴怒起来，像一个被愤怒充斥头脑的人血脉贲张。这些字迹步履蹒跚地向前方聚集，越走越快，狂奔飞跑，你追我赶，稿纸上还沾着咖啡的零星痕迹，他是用咖啡鞭挞驱赶着他疲乏不堪的神经继续向前疾驰。我们几乎可以听到这台运转过速甚至有些发热的机器发出不间断的嘎吱作响的喘息，而它的创造者正在经历着走火入魔似的痉挛。这位埋首于文字中的唐璜①贪婪地一心只要占有一切、拥有一切。我们还能从手稿上看出，这个不知餍足的人的热病一次次地突然发作在校样上，稿纸僵硬的缝合处被他一再扯开再加以修补，就像一个热病患者一次次地撕开自己的伤口，以使添加的文字里那跳动的汩汩殷红的鲜血再次流过麻木冷却的躯体。

如果不是因为它们能带来快感，甚至不止于快感，那我们就无法理解巴尔扎克所做的这些泰坦巨人②式的工作：这种工作是一个像禁欲主义者那样放弃了其他一切权力形式的人唯一存在的人生意志，是一个激情似火的人的全部人生意志。对于这样的人来说，艺术是完全、彻底地抛弃与拒绝其他的唯一可能。

巴尔扎克也曾一次次地在现实世界的其他原材料里做过短暂的梦。他头一回在实际生活中牛刀小试时，正值他在创作世界中濒于绝望，他想体验金钱的真正势力。他开了一家印刷所，办了一份报纸——然而命运只会对自己的背叛者予以嘲笑——巴尔扎

---

① 莫扎特创作的两幕歌剧《唐璜》中的主人公。唐璜是中世纪西班牙的一个专爱寻花问柳的胆大妄为的典型人物，他既厚颜无耻，又勇敢、机智、不信鬼神；他利用自己的魅力欺骗了许多村女和小姐们，最终被鬼魂拉进了地狱。

② 泰坦巨人，也称"提坦"，是古希腊神话中一组神的统称，他们是在原始神之后出现的古老神族。第一代提坦家族是天穹之神乌拉诺斯和大地女神盖亚的子女，他们曾统治世界，但后来被宙斯家族推翻并取而代之。

克在他的作品中似乎无所不知、一切尽在掌握：交易所炒股的人突然做空或做多啦、大小商行的阴谋诡计啦、高利贷者放贷时耍的花招啦……他看似知道每样东西的价值，他为几百个人物在作品里创造出他们的生活，让他们用合乎常理的正当手段赢得一份产业——巴尔扎克让葛朗台、波比诺、克莱维尔、高利奥、勃里多、纽沁根、韦尔布鲁斯特和高普赛克这些人物在笔下世界里统统发财致富，而他自己在现实世界却一败涂地，失去了所有资产，债台高筑。像铅块一样的可怕债务沉重地压在巴尔扎克像搬运工人一样宽厚的肩上，让他艰难地踯躅了半个世纪。终于有一天，这个不堪苦力重负的奴隶血管爆裂，溘然倒下。巴尔扎克一生中唯一全然献身的激情——艺术，因为遭到背弃而妒火中烧，向他进行了可怕的报复。

对别人而言，爱情是对一件自己真实经历过的事情的奇妙感觉，然而在巴尔扎克身上爱情也成了一段来自幻梦中才产生的经历。德·韩斯卡夫人①——巴尔扎克后来的太太——在他为她创作的作品中被称为"陌生的女人"——那些著名的作品都是巴尔扎克写给她的，在还未亲眼见过她以前，巴尔扎克就狂热地陷入了对她的爱情中；在她还没有成为现实中的人的时候，巴尔扎克就爱上了她——就像爱上金眼女郎②，爱上德尔斐娜和欧也妮·葛朗台。

① 巴尔扎克小说《欧也妮·葛朗台》的原型。韩斯卡夫人原名夏娃琳娜·热乌斯卡，是波兰望族亚当·热乌斯基的女儿，生于1800年，与乌克兰的富有贵族温塞斯拉·韩斯卡结婚。她在1831年冬读到巴尔扎克发表的《私人生活场景》后成为他的粉丝，两人开始通信。1841年韩斯卡去世，1850年3月韩斯卡夫人与患有严重心脏病的巴尔扎克结婚，婚后不到五个月巴尔扎克就去世了。巴尔扎克与她相恋近20年，两人最后相守的时间却并不长。
② 指的是巴尔扎克小说《金眼女郎》中的主人公芭基塔·瓦勒戴斯。

对一名真正的作家来说，除了潜心创作并全心投入魂牵梦萦的创作激情中之以外的任何其他激情，都是浪费生命的误入歧途。巴尔扎克对好朋友戈蒂耶①说过："作家必须拒绝女人，把时间浪费在女人身上纯粹是浪费。作家必须只限于写作，才能形成他的风格。"在内心深处，巴尔扎克并没有多么地爱德·韩斯卡夫人，他爱的是她对他的爱；他并不爱他所处的种种境遇，爱的是他自己创造的环境。他用了那么长时间的幻想来抵御现实中的饥饿，他用了那么长的时间在服装和形象中演戏，以至于他像真正的演员那样，在无比动情的时刻对自己迸发的激情信以为真。

巴尔扎克毫无疲倦地耽湎于创作的激情中，内心焚烧的过程被长期加速燃烧，直到火焰直蹿蔓延开来，直到令他完全崩溃。每写一本新书，他的生命就像他小说中所写的那张神秘的驼鹿皮——每实现一个愿望就会缩短一些。他最终被自己的偏执狂行为所毁灭，就像赌徒毁于纸牌、酒鬼毁于酒精、吸食大麻者毁于祸患无边的烟斗、好色之徒毁于女人一样。巴尔扎克崩溃于过度追求实现他的愿望中。

一个如此强大的意志用鲜血和生机来充实自己的幻梦，它在幻梦的魔力中窥见了人生的秘密、把自己抬高到世界法则的程度，也是自然而然的事情。因为一个从不让自己内心流露出来的人不可能拥有自己的一套行为哲学，也许他只是一个飘忽不定难以捉摸之人，像普罗透斯②那样并没有固定的形象——因为他的一切只在自己身上体现。他像一个天主教的托钵僧、一个飘忽不

---

① 戈蒂耶（1811—1872），法国作家、诗人，巴尔扎克的挚交。他的理论和诗歌对 19 世纪 60 年代兴起的法国文学流派帕尔纳斯派起了先导作用。

② 普罗透斯是希腊神话中的一个海神，他有预知未来的能力，他经常变化的外形使人无法捉到他，但他会向捉到他的人预言未来。

定的精灵，他一会儿潜入成百上千个人物的身体中，一会儿又迷失在他们人生的迷途中；此刻他可以是个乐观主义者，彼时又可以是个利他主义者；他可以是悲观主义者，也可以是相对主义者，还可以自如地把一切意见和价值观像连通电流似的打开或者切断。

对于巴尔扎克而言，想必只有他内心那个强大无比的意志是真实且不可泯灭的。充满魔力的字眼为巴尔扎克这个陌生来客炸开无人区的巨石，把他引入不为人知者阴暗隐秘的情感深渊之中，再让他像赏金猎人般满载着这些人宝贵的经历，从深渊中重返人间。

看起来巴尔扎克似乎比任何一个作家都更倾向于为意志赋予一种力量，这种力量能够越过精神、进入物质，进而产生作用，能够感受意志，并使其成为人生准则和普世价值。巴尔扎克觉察到，精神领袖具有的强大意志会产生无与伦比的影响力，它源自拿破仑，撼动整个世界，倾覆一个王国，擢升王侯将相，改变几百万人的命运轨迹。

某位精神领袖的意志——它具有一种纯粹的压力，如果向外扩展开来，必然会在物质上有所表现，或者说精神人物强大的意志能重塑小说中人物的外形，并且能扩散到人体的四肢百骸。如果每一次短暂的情绪起伏都能促进每个人的表达能力——使粗鄙丑陋的面孔得以美化或者感情迟钝者的面貌个性化，那么这样一个强大人物的强大意志将能持续地发生作用，经其之手打磨后，慢热持久的永恒激情将令"面貌"这种物质凸显得更多。

对巴尔扎克而言，一张面孔就是一种被固定下来的人生意志、一个经过复杂矿物提炼过程升华出来的性格，正如考古学家可以从化石的沉积情况看出一个朝代的文化，那么在巴尔扎克这里，从人物的面孔和他周遭的气氛看出他内心的一切和他过往的经历恰是对诗人或作者的基本要求。这种"相面术"使巴尔扎克喜欢上了加尔①的颅相学说，喜欢加尔描绘的人类大脑感知各种能力的"地形地貌图"，也使得巴尔扎克关心并去研究人像学者拉瓦特②的理论——拉瓦特与加尔一样，他在人脸上只能看见外化为骨肉的生命意志和一个人表露出来的性格——而这种观人识人的魔法、这种强调内心和外部世界之间有着神秘的相互作用的"相面术"及其魔力，正是巴尔扎克所期待拥有的。

巴尔扎克相信梅斯梅尔③关于意志可以通过"磁力"从一种媒介物转移到另一种媒介物的观点，还把这种观点和韦登伯格④那超凡脱俗的神秘论紧紧联系在一起。这还不够，巴尔扎克把他这些尚未被完全提炼为系统理论的业余爱好统统集中总结于他的宠儿路易·朗贝尔⑤的学说里，使这位有"意志"的化学家、英年早逝的奇人的肖像与他内心渴望成就一番的激情奇妙地组合在一起。

对巴尔扎克而言，每一个人的面孔都是一个等待他前去勘破的谜思。巴尔扎克认为，每一张人脸中都可以辨认出一种动物的

---

① 弗兰茨·约瑟夫·加尔（1758—1828），德国医学家、解剖学家，颅相学的创始人。他认为颅骨形状反映脑的发育情况，从而反映人的性格；确立了各种心理行为在脑的特殊区域定位的学说。

② 约翰·卡斯帕尔·拉瓦特（1741—1801），瑞士德语作家、哲学家、神学家。他认为从一个人的脸上可以看出他的性格。

③ 弗朗茨·安东·梅斯梅尔（1734—1815），德国医生，催眠疗法的创始人。

④ 伊曼纽尔·韦登伯格（1688—1772），瑞典科学家、哲学家、基督教神秘主义者和神学家。

⑤ 路易·朗贝尔，1832年巴尔扎克出版的小说体著作《路易·朗贝尔》中的主人公。各种对立的世界观、形形色色相互矛盾的学说、错综复杂扑朔迷离的自然现象和社会现象使路易的思想陷入重重矛盾，最终陷入疯狂无法自拔。在某种程度上，巴尔扎克笔下的路易·朗贝尔就是他本人。

形象，他也深信，通过一些神秘的符号和讯息可以确定哪些人会注定濒死。巴尔扎克坚信自己走在大街上能看出从他面前经过的任何一个人的职业，他只需要看着这个人的脸、动作和服装就足以做出判断了。巴尔扎克认为这种能力是凭借一种直觉的认识做到的，他并不认为它拥有魔力，因为他做出判断的所有基础都是基于已经存在的、现在的事物。巴尔扎克掩埋在内心深处的渴望，是集中所有魔力得到这样一种能力：既能够揭示转瞬即逝的东西，也能通过陈迹揭示过往云烟，还能顺着事物眼前展示出来的盘根错节抽丝剥茧预测一个人未来的情况一样，让自己成为集相面术、占卜术、观星术等能力于一身的先知者，或是先知者具有语言能力的兄弟，成为所有拥有"透视眼"般深邃目光的人们的兄弟——这些人天生具有这样的能力：能自动地通过外表看到内心深处，能从某些具象线条看出无限之物，能从掌心浅显的纹路看出一个人过往短促的人生路及伸向未来的通幽由径。

在巴尔扎克看来，只有不把自己的才华、激情和能力向无数方向分散开去，而是专一地把它们闭锁在自己心里并用于唯一目标的人，才能拥有这种具有魔力的目光——"集中精神力量"的思想在巴尔扎克的作品中不断体现出来。可见"透视眼"这种天赋异禀并不是魔法师和预言家所专有的，它像母亲面对自己孩子时天然拥有的保护力一样，是发自本能的、具有预见性的认识，是天生自带的。医生德斯普兰就有这种能力，他能从一个病人胡乱裹成一团的痛苦中立刻看到病因，进而确定病人的寿命还有多久；天才统帅拿破仑为了使战斗取得决定性的胜利，能立刻看出他需要在哪个战斗位置投入多少士兵；那个诱惑者玛尔塞①也拥

---

① 德斯普兰和玛尔塞都是巴尔扎克小说集《人间喜剧》中的人物。

有这种"透视眼",他能精确地抓住可以使一个女人失态的时机;交易所的大胆狂徒纽沁根天生就知道在适当的时候采用适当的手法令交易所崩盘……他们这些人都是"心灵宇宙"的占卜师,凭着这种可以透视内心的目光,他们拥有了自成一派的方法论。拥有这种目光的幸运者能够通过一个小小的望远镜看到地平线遥远的另一端,而没有这种装备的眼睛,其目力所及只是一团混沌的乌蒙空间。

为了使这种目光的魔力能清楚地被阐释出来,诗人的想象和学者的演绎之间的相近处朦胧地假寐在一起——一边是迅速而本能地领悟,另一边是缓慢地、有逻辑地识别。巴尔扎克似乎也觉得完全由他靠直觉来统览一切有些不可思议,因此他常常不得不以近乎慌乱的目光跳出来去俯视他的作品,把它们当作难以理解的东西,为了理解它们他被迫求助于一种不明之物的哲学,或乞灵于神秘主义,德·迈斯特尔①的天主教信仰当然不足以阐明这种神秘主义。这带了魔法的种子如星火般夹杂在巴尔扎克作品最内在的特性中,使他的艺术作品不仅记录了人生的化学浓缩过程,而且升华为人生的炼金术,成为使他自己与日后那些模仿他的作家——尤其是左拉②有分明的界限——左拉辛辛苦苦地把一砖一石一草一木搬运到自己的领地上修筑大厦,而巴尔扎克只需把他的魔法指环轻轻一转,就落成了一座拥有百间华屋千扇窗户的辉煌宫殿。他完成的作品需要花费的精力惊人地巨大,但给别

---

① 约瑟夫·德·迈斯特尔(1753—1821),法国公爵、政治家。法国大革命之后保守主义最重要的思想家,反对启蒙运动和法国大革命。

② 爱弥尔·左拉(1840—1902),法国自然主义小说家和理论家,自然主义文学流派创始人与领袖。左拉是19世纪后半期法国重要的批判现实主义作家,其自然主义文学理论被视为19世纪批判现实主义文学遗产的组成部分。

人的第一印象却始终是轻松的魔法使然，而非费时费工仰仗人力所为，作品素材也并非从生活中提取总结所得，而是上天之恩赐使其如有神来之笔，才华横溢。因为巴尔扎克在他置身创作的那些年中已不需要再研究也不再靠实验取得经验和素材，所以就使创作这件事情像一朵无法被阳光穿透的神秘云彩环绕在他身体周围——他已不再观察人生，而左拉在下笔创作一部长篇小说之前要先为每个人物开出一张素材清单。巴尔扎克也不像福楼拜[①]，为了写一本薄薄的书要查遍各个图书馆。

巴尔扎克把自己深锁在他编织的幻觉中，难得重返他自己世界之外的现实世界一回，就像一个人被囚禁在囚室里，他把自己牢牢铸在写作的刑椅中。如果他必须要到现实生活中去短暂地出游一次，例如去和出版商进行一番讨价还价，或者把修改过的校样送到印刷厂，去朋友家里吃饭，或是去巴黎的旧货店淘古董……那么他从现实中带回的东西也只是能证实他过往的经历，而没有为作品和素材带来新鲜的讯息。因为当巴尔扎克拿起笔进行写作时，关于人生的全部知识就早已以一种神秘的形式渗透到他的身体中，凝聚在他身上，存在于他心里。这些海量的知识储备真真切切地来自现实生活的各行各业，至于各种原材料、各种人物脾气、各式各样的现象是何时何地从何而来、以何种形式进入巴尔扎克身上的，那就和莎士比亚作品既高产又卓越这个可以说是神秘的现象一起，成为世界文学中最让人费解的谜团。

前面已经说过，青年时代的巴尔扎克曾尝试过很多种不同的职业，他有三四年的时间曾经在一个律师事务处当抄写员，然后

---

① 居斯塔夫·福楼拜（1821—1880），法国著名作家，福楼拜的"客观的描写"不仅有巴尔扎克式的现实主义，又有自然主义文学的现实主义特点。

做出版商人，也在大学待过，虽然都以失败或黯然收场告终，但是这几年里他想必把一切人间体验——如此众多难以解释的、无法估量的事实，以及对各种性格和现象的认识都已吸收殆尽。说起来有点难以置信，在这几年中，巴尔扎克多方深入观察，他锐利的目光似乎具有可怕的吸力，那是一种不知餍足的吸血鬼般的目光，能把它所接触到的一切统统吸进自己体内、吸进内心、吸进记忆。在巴尔扎克体量惊人的记忆宝库里，什么都不会褪色，什么都不会流失，什么都不会混淆或腐朽。一切记忆都被他整理得井井有条，整齐地堆积并存储起来。一切原材料都准备妥当，兵强马壮，随时等待他的调遣，它们井然有序，始终朝向他激情和本质的方向，他只消用意志和愿望静静地在上面搅动一下，一切就都马上活跃起来、跳跃而出。

巴尔扎克熟谙各种诉讼、各场战役，以及股票交易所的各种花招、地产交易中的各种投机、化学领域的种种神秘现象、化妆品制造商的各种工艺技巧、艺术家表演的各种手段、神学家讨论的热点问题、如何经营报纸、剧院的欺诈和政治名利场上的欺骗。巴尔扎克熟悉外省，熟悉巴黎和全世界，这位闲逛的行家像研读一本书一样地阅读每条街上七拐八绕的秘密处所。他知道每幢房子的修建时间、修建者是谁，以及为谁而修建。他能运用纹饰学知识破解这些大门上纹饰的奥妙，弄清建筑方式的所属时代，同时也清楚地知道房租的行情，怎样让每层楼住满人，把家具放进适当的房间里，再让房间里弥漫着幸福或不幸的氛围，让他们无法掌握的命运之网从二楼散布到三楼，再从三楼散布到四楼。

　　总之，巴尔扎克拥有百科全书般的广博知识，他知道老帕尔玛①的一幅画值多少钱、一公顷麦田值多少钱、一道蕾丝花边值多少钱、雇一辆双人马车和一个仆人得花多少钱。他熟悉纨绔子弟们花天酒地的生活，他们一年的生活费用要花掉两万法郎，他们借债度日，苟延残喘。再往后翻几页，你看到的又是一个退休人员捉襟见肘的窘迫状况，在他严格计划好的"份额生活"中，意外刮坏一把伞、打破一块玻璃都会变成巨大的灾难。再翻两页，巴尔扎克已经置身于一群生活极端落魄的穷人中。他跟踪他们的生活轨迹，亲眼见识了穷人是如何挣得几个苏②：可怜的挑水工奥维尔涅阿特③的愿望就是拥有一匹孱弱的小马，不用自己去拉水桶。

　　这些大城市衍生出的植物般千奇百怪的人生画卷演绎出上千种形形色色的风景，每一种风景都做好准备去充当他人物命运的底色，去衬托和塑造他们。巴尔扎克对任何人物只要随便那么看一眼，就能比跟他们一起生活多年的人更加了解。他对匆忙间瞥见的东西了然于胸——艺术家对创作的自相矛盾是如此奇妙——他竟然完全了解自己根本没有见过的东西。他让挪威的峡湾冰川和萨拉戈萨④的城墙壁垒从他的梦境中生出来，而它们和现实一模一样。这种幻象诞生的迅速实在令人吃惊，仿佛他真真切切地看见了事物毫无遮蔽的原始状况，而其他人看到的却是穿上各色服装、浑身挂满饰物后的形态。

---

　　① 帕尔玛·伊尔·韦基奥（1480—1528），文艺复兴时期威尼斯派画家。

　　② 苏（sou），法国大革命前最小的货币单位，是辅币。

　　③ 巴尔扎克小说《无神论者望弥撒》中的主人公，为了支持一个穷苦的医科大学生学习，不惜把自己存了一辈子、为了买一匹马和一只水桶的积蓄慷慨地拿出来。

　　④ 萨拉戈萨是西班牙阿拉贡自治区的首府，西班牙第五大城市、西班牙东北部最大的城市。

在巴尔扎克看来，所有的事物都有属于自己的独特印记，他有一把能够直达一切事物本质的万能钥匙，它能使事物的外表剥离，让巴尔扎克看到它们的内部构造。因此万事万物的外貌都毫无保留地向他敞开，一切本质和真相都会像剥离出来的果实内核，让他细细品味。他从并不重要的细枝末节的褶皱中把本质一把揪出来——或者说是用炸药把千百个人生金矿一一炸开——并非是他用尽全力地把本质拼命地挖出来，一点一点地向下刨，一层一层地深挖下去得来的。在抓住形式真正的本质的同时，巴尔扎克也把握住了那些难以把握的东西：像气体般游走在形式之上的幸福或不幸的气氛、荡漾在天地间的震撼、越来越近的爆炸、气候的突然激变。别人看到的只是一些罩在玻璃柜子里的轮廓，既平淡又冰冷，而巴尔扎克富有魔力的敏感知觉看到的却是气体放在可以感知温度的玻璃管里所呈现出的形态。

这种超乎寻常、无人可及的觉知正是巴尔扎克的天才所在。人们称他为艺术家，称他为力量的派分者、重塑者、秩序的整顿者、原料聚合者和化解者……这些词语用在巴尔扎克身上还并不足以说明他的天才，受到魔力蛊惑的人说他根本就不应该仅被称为艺术家，因为他骨子里是满满的、真实的天才。"这种力量不需要艺术"，这句话也适用于他。因为事实的确如此，他的天才有股如同原始森林中最自由不羁的野兽的力量，如此雄伟壮丽，如此硕大无比，并且拒绝驯服。这种力量美若丛林，美若激流，美若飓风，美得如同一切仅在表现出自身美学价值时才倍显强劲有力的事物，这些事物的美无须对称也无须装饰，无须小心谨慎一丝不苟地对其进行分布，它们通过自身具有的天然力量不受约束地发生着多种多样的作用。巴尔扎克的长篇小说从不经过细致的构思，创作时他全然地迷失其中，犹如迷失于某种激情中。他在各种具体的现实描写中对字词挖掘不止，犹如在一堆化学原材料中或在人们光鲜的赤裸肉体中挖掘不止。他把人物的表象剥开，把他们的本质从各种阶层、各个家庭，从法兰西帝国的各个行省发掘出来，就像拿破仑征召士兵并把他们按能力大小分到各个旅团中去那样，让这个人当骑兵，让那个人当炮兵，再让第三个人当交通运输兵，他把火药悉数倾撒进他们的枪膛里，然后让他们依照自己内心强大的力量自行其是。

尽管《人间喜剧》这部由九十多部小说组成的巨著有一篇美妙的序言，但实际上这篇序言是后来结集出版时补充的，巴尔扎克创作这些独立而又有联系的小说时并无内在计划。是的，《人间喜剧》犹如巴尔扎克的人生一样毫无计划，他觉得它并不应该为倡导某种道德而作，也不应该遵循某个梗概而作，它只想通过本身这种变化中的东西来表现永远处在变化中的状况：在所有的起伏不定、潮涨潮落中并没有什么力量是持久不变的，唯有一种没有形状的、似乎由云彩和光线化身而成的气氛——人们把它称为"时代"。在《人间喜剧》塑造的新宇宙中，唯一的法则就是：所有人物不稳定的组合造就了时代，而他们自己也是这时代孕育而生的；他们的道德和情感也和他们一样都是时代的产物。在巴黎被认为是美德的东西到了亚速尔群岛就成了一种陋俗。任何东西都没有固定的价值，充满激情者应当这样评价世界——或者说是巴尔扎克让他们这样评价女人：判断一个女人的价值，就看你为这女人花了多少钱。

正因为作家本人也只是他所在时代的产品和创造物，他不可能从时代的变化中抓住恒久不变的东西，他的任务只能是：描写他所在时代的气流压力、描写他所在时代的精神状况、描写多种不同力量的相互作用。一方面，他用所有可能得到的工具来研磨和诊听他属于时代的躯壳，他是如此多才多艺的学者：研究社会气流的气象学家、研究意志魔法的数学家、研究激情的化学反应的化学家、研究各地区各民族原始状况的地质学家；另一方面，他同时又是热衷于收集一切事实的收藏家、描绘波澜壮阔的时代风景的画家、为时代理想而斗争到底的士兵，能成为这样的人是巴尔扎克的雄心壮志。因此他全力以赴地记录下雄伟壮阔热血沸腾的各种事物和极端渺小微不足道的事物，因此按照丹纳①的话说，"巴尔扎克是继莎士比亚后人类最宏伟的文件存储库"。衡量巴尔扎克的成就不能看个别的作品，而要考量他的全部作品；不能把他的作品只看作一道风景，而是有着高山低谷、有着不可估量的远方、有着幽深高峻的峡谷和湍急绮丽的江河的宏大景象。

从巴尔扎克开始——如果后来没有陀思妥耶夫斯基出现的话，也可以说是到他终止——后来人们一提到长篇小说就想到巴尔扎克"关于人的内心世界的百科全书"。在巴尔扎克之前的作家只找到两种用以驱动令人昏昏欲睡的懵懂情节的引擎：要么是确定一个自外向内发生作用的偶然事件，它犹如用力鼓起一阵狂风吹动船帆，驱动着船只前进；要么是通过一股由内而外的力量推动情节发展，即爱情的突变、激情的冲动。

但是对于巴尔扎克而言，他的世界里只有两种人（如前所述，只有"对欲望和激情的强烈渴求者"和"对权势野心勃勃者"这两类人使巴尔扎克感兴趣）：部分真正意义上耽于爱情的男人和几乎所有女人，他们是在爱情这个星座下出生和毁灭的人，爱情就是他们唯一的宿命。当然，巴尔扎克并不认为爱情释

---

① 伊波利特·阿道尔夫·丹纳（1828—1893），法国著名的文艺理论家和史学家，历史文化学派的奠基者和领袖人物，被称为"批评家心目中的拿破仑"。他的艺术哲学对19世纪的文艺研究产生了深远的影响。

放出来的所有力量是唯一的力量之源，在非此类人的另一些人身上，激情的突变并未削减分毫，另一些人们身上那种具有原始推动力的激情不会四处飘散或支离破碎，依然以其他形式存在于其他形象中。这种对待角色和世界的积极态度为巴尔扎克的长篇小说赢得了不可估量的深刻和丰富。

与此同时，巴尔扎克还通过第二种创作之源为作品添加来自现实的养分：把金钱的力量和价值注入小说中。巴尔扎克本人并不认可什么绝对价值，他作为一个相对的统计学家，仔细地观察着事物的外在价值，包括道德价值、政治价值和美学价值，特别是那种具有普适性的事物的价值。其实今天看来这种价值几乎是接近于绝对价值的：那就是金钱的价值——当权贵的特权纷纷被剥离，当人们的一切差别消弭殆尽，金钱就成为社会生活运转中唯一的鲜血和动力。

巴尔扎克把数字当作测量良知这种气压状况的标尺，并且把研究这些气压变化的状况作为自己的任务：每一种事物都是由它的价值决定，每一种激情都是由它做出的物质牺牲决定，每一个人能否生存都是由他在社会上的收入决定。

金钱像张开翅膀的巨兽，在巴尔扎克的小说里盘旋：他在描写巨额财富的涨跌和股票交易所的疯狂投机上花费的笔墨与描写场面恢宏的战役用了同样多的精力，他浓墨重彩地描写的二十多个悭吝、愤恨、挥霍成瘾、利欲熏心的金钱捕手，就像描写历历在目的在莱比锡和滑铁卢战役中遭到折损的拿破仑部队。巴尔扎克不仅描写那些为钱痴狂的人、为表现出对钱的渴望而爱钱的人和把金钱当作实现目的的手段的人，而且作为留名青史的第一位勇敢的作家，他通过笔下的上千个人物形象让读者看到了金钱是如何渗入并腐蚀最高尚、最优雅、最淡泊名利的感情的。

在巴尔扎克笔下，所有的人物都在伺机谋划，正如人们在生活中不由自主做的事情那样。在巴尔扎克笔下，初出茅庐的小人物懵懵懂懂地来到大城市巴黎，迅速地就知道拜访一次上流社会要花多少钱，入时的装扮、锃亮的皮鞋、崭新的轻便马车、住宅及仆人……成百上千件新鲜别致的小玩意儿和琐碎的小事都得花钱、都得学会。他们知道身穿一件不时髦的背心会遭人蔑视，继而酿成巨大的灾难。他们很快就明白了只有金钱或是金钱的光环才能把上层社会的大门炸开。他们不断地承受许多细微的屈辱，据此生出无可比拟的激情和锲而不舍的野心。巴尔扎克任由这些激情和野心肆意发展，他严密地计算着挥霍之徒的开销、高利贷者到手的利益、纨绔子弟制造的债务、政治家们收取的贿赂……所有数字都是测量逐渐升高的不安情绪的尺度，显示着日益逼近的灾难气压计上的压力指数。

既然金钱是普遍野心的物质标记，既然金钱已渗入到一切感情之中，那么巴尔扎克这位解剖社会生活的病理学家为了科学地认识病体的危机程度，就必须通过显微镜这样的精密仪器来检查病体，在某种程度上确定病体中血的"含金量"。因为所有人的生活都吸饱了金子，金子对于疲于奔命的肺脏而言就是氧气，谁也不能缺少它——野心勃勃者没有了它就无法实现他们的野心，相爱者没有它就无从得到他们的幸福。对了，最最不能缺少金子的人是艺术家，因为巴尔扎克这位艺术家本人最清楚高达十万法郎的债务压在谁的肩上——他常常——在工作的狂喜中暂时把这个可怕的重量从他的肩上抛开，可最后债务还是会落在他身上，把他击成粉末。

巴尔扎克的作品无法计数，他在多达八十卷的宏伟著作中记述了一个时代、一个世界和整整一代人。在他之前，从未有人有意识地尝试过这样浩瀚壮丽的工程，从未有一个如此强大的意志表现出的放肆和大胆得到比他所得更好的酬报。那些耽于享受之人、安于休憩之人一到晚上就从他们自己的世界中溜出去，想看看外面新的画面和新的人，那巴尔扎克就给他们一种变换中的启发游戏；对于那些戏剧家，巴尔扎克给他们提供以撰写上百部悲剧的素材；而对于各种学科的学者——巴尔扎克就像一个餍足者从自己丰盛的餐桌上随随便便扔出一些食渣碎屑，扔给他们一大堆问题和启发；对于热恋中人，巴尔扎克就给他们一种使之心醉神迷的，使之迷恋燃烧版的烈焰。但是所有一切中最为强劲有力的，还是他给诗人留下的遗产。

小说集《人间喜剧》的草稿里除了已经收入的巴尔扎克完成的著作之外，还有四十部尚未完成或尚未命名的长篇小说，其中一部是发生在莫斯科的，另一部是关于瓦格拉姆平原的，第三部写争夺维也纳之战，还有一部写激情的生活。有些作品还没完成，简直可说是件幸事。巴尔扎克曾经这样说过："天才是随时随地能把他的思想转化为行动的人，但是非常伟大的天才并不是不断完成这种活动，不然他就会和上帝过于相似。"这句话可以这样理解：如果巴尔扎克把所有这些作品全都完成，把关于激情和事件的圆圈封死，他的作品就要发展到令普通人无法理解的地步。而且他的长篇小说将成为一部浩瀚无垠的巨作，由于不可企及或无法超越，对于后辈作家而言这个作品将变成令他们望而生畏的怪胎；而现在，他是一个无与伦比的榜样，将成为每个具有独创性的意志的巨大鼓励和最最了不起的榜样，促使后辈不断去攀登。

狄更斯

　　不，不要从书籍和传记中探寻查尔斯·狄更斯究竟多么为他的同时代人所热爱。爱情唯有鲜活地存在于人们口述中——你得听别人跟你说，最好让一个英国人跟你说，这个英国人青少年时代的记忆可以追溯到狄更斯在文坛取得最初成功的时代，这些人在距离那时五十年后的今天还不能下决心称呼《匹克威克外传》[①]的作者为"查尔斯·狄更斯"，而是坚定不移地使用早期对这位作者更亲切、更感亲热的称呼——"博兹"[②]。他们回忆往昔时的感伤情怀令数以千计的人们对当时追捧狄更斯的热情洋溢变得可以估量，这些人当年以激烈的欣喜之情迎接的蓝色封面的长篇小说月刊——今天这些月刊已经成为图书收藏家们奉若珍宝的稀世珍品，束之高阁并日益发黄。

　　一位当年的"老狄更斯崇拜者"这样告诉我——每当邮递马车到来的那天，他们就兴奋不已。当邮差终于要把"博兹"新的一册蓝皮书成捆地送来，人们一个劲儿地争论科波菲尔[③]究竟会跟朵拉还是跟阿格尼丝[④]结婚。他们兴致勃勃地谈论米考伯[⑤]一

---

　　①　《匹克威克外传》是狄更斯 24 岁时的成名作，1836 年出版，写老绅士匹克威克一行五人到英国各地漫游的故事。

　　②　狄更斯最初作为《议会镜报》和《晨报》的记者在各刊物上发表文章时的笔名。

　　③　狄更斯代表作《大卫·科波菲尔》的主人公，这是狄更斯的第八部长篇小说，被称为他"心中最宠爱的孩子"。

　　④　朵拉，大卫的初恋情人和第一个妻子；阿格尼丝，大卫的第二任妻子。

　　⑤　米考伯是《大卫·科波菲尔》中的人物，其原型是狄更斯的父亲。

家又要经历一次新的危机——他们心里有数，米考伯会喝着热潘趣酒①、怀着好心情、富有英雄气概地克服这些危机——可是现在，他们不得不等着那个邮车车夫乘着半死不活还打着瞌睡的马车前来，为他们揭晓这些令人开心的哑谜。这他们可做不到，绝对不行！所有人——老人和年轻人，在邮件来的那一天都会迎着邮车来的方向徒步走上两英里，只为了早点拿到他们的书，年复一年地如此。在回家路上，他们已经迫不及待地开始读起来了。一个人凑到另一个人身旁，隔着肩膀往书上看几眼，有些人大声读着，脾气最温和的人会撒开长腿跑回家去，把战利品以最快的速度交给老婆孩子。

和生活在这座小城的人一样，当时每个乡村、每座城市、整个英国甚至生活在全球各地的英语世界的人们都热爱查尔斯·狄更斯——从接触他的最初时刻就爱上他，直到他生命的最后时刻。在 19 世纪的任何地方，一位诗人和他的民族间从来没有存在过类似狄更斯和英国这种始终不变的关系。他的声誉犹如一支射向太空的火箭，而且永不熄灭，如同一个永恒的太阳高悬宇宙照耀四方。

《匹克威克外传》第一册出版时只印了四百本，到第十五册起就已经印到四万本：狄更斯的声誉以一种雪崩般的威力强势进入他的时代。他的作品很快被传到德国，成千上万册值几个硬币的小册子把欢乐播撒到久经风霜的心灵沟壑之中。这位创作源泉永不枯竭的作家笔下的小尼古拉斯·尼克贝②，可怜的奥利维·屈里斯特③和其他上千个人物就这样漫游到了美国、澳大利亚和

---

① 潘趣酒，一种用酒、果汁、香料等调和的饮料。

② 小尼古拉斯·尼克贝是小说《尼古拉斯·尼克贝》的主人公。

③ 小说《奥利维·屈里斯特》中的同名主人公，此书又译为《雾都孤儿》。

加拿大。今天，有几百万册的狄更斯作品仍在流传。在大西洋彼岸的美国有各种版本的狄更斯作品被印刷出版：大开本、小开本，厚的、薄的，为穷人印制的廉价本和给富人定制的豪华本，还有曾为一位诗人印制的史上最贵重版本（我想那套书现在价值三十万马克，简直可以说是为亿万富翁特制的）。但无论现在还是当年，所有这些版本的书里始终都有一种幸福的欢笑存在其中。任何人只要翻开最初几页，欢笑声便会像一只啁啾啼啭的小鸟，轻舞翅膀飞到天上。

这位作家的作品雅俗共赏，他被读者喜爱的程度史无前例：如果说这么多年过去，读者的热情未见高涨，那实在是因为读者们的激情已经高涨到了不能再高的地步。当狄更斯决定公开朗读他的作品、第一次和他的公众读者直接见面时，整个英国都为这件事沸腾。人们冲进活动现场，把大厅挤得水泄不通，来自四面八方的热情奔放的读者们紧靠在大厅的柱子上或爬到狄更斯的讲台下，只为了倾听他们心爱的诗人朗诵。而在严冬酷寒的美国，赶来买票聆听狄更斯朗读的人们特地带来床垫，睡在售票处，邻近餐馆的侍者给排队的人送来食物，但拥挤现象还是不可阻挡。所有的观众厅都显得太小了，最后在布鲁克林给诗人腾出了一座教堂供他朗读。狄更斯在布道坛上朗读了奥利维·屈里斯特的冒险经历和小奈莉①的故事。他的声誉无与伦比，他把瓦尔特·司各特②挤到了一边，他一辈子都盖住了萨克雷③的天才。

狄更斯去世犹如辉煌的火焰熄灭，消息像利刃般给整个英语世界划开一道裂缝。大街上陌生人互相转告，整个伦敦城惊慌失

---

① 小奈莉，《老古玩店》的女主角，一个可爱的女孩。
② 瓦尔特·司各特（1771—1832），英国小说家、诗人。
③ 威廉·萨克雷（1811—1863），英国小说家。

措，犹如打了一场败仗。狄更斯被隆重安葬在英国威斯敏斯特大教堂里，置于莎士比亚和费尔丁①之间。成千上万的人们拥到那里，朴素的纪念场所一连数日摆满了鲜花和蜡烛。直至四十年后的今日，倘若有人从教堂旁走过，依然能看到有人出于对诗人的谢忱和缅怀撒下的花朵：这么多年过去，他的声誉和人们对他的热爱全然没有枯萎。今天依然和当年英国把世界声誉这一不期而至的礼物塞到这个浑然不觉者、这个无名氏的手中时一样，查尔斯·狄更斯始终是整个英语世界最受热爱、最受追捧、最受尊敬的小说家。

一位诗人的作品能够产生如此超群的影响，而且从广度和深度来看都异常深刻，那么大多数情况下只有两种互相冲突的因素罕见地结合在一起，才可能成为现实：那就是一个天才人物与他所在的时代的传统融为一体。一般来说，传统和天才往往水火不容。事实的确如此，因为天才作为一种尚未形成但即将形成的传统所体现出的灵魂，总要和旧有的传统作对，天才作为全新一代的开辟者，必须向正在摧毁灭亡的旧有一代发起挑战，这一过程几乎是天才诞生的标记。天才和他的时代素来犹如两个世界，他们也会互相交换光明和阴影，但却永远漂浮在不同的天体和轨道里，它们在各自旋转的轨道中也许会有相遇，但永远不会交融。

而在狄更斯这里，就见证了星空中最罕见的时刻——一颗星辰的阴影如此充满着另一星辰发光的表面，以至于二者竟然能合为一体：狄更斯是他所在的世纪中唯一伟大的诗人，其最内在的创作目的完全和他所在时代的精神需要相吻合。他的长篇小说完全符合当时英国的趣味，他的作品正是对英国传统的物质化：狄

---

① 亨利·费尔丁（1707—1754），英国小说家、剧作家。

更斯的作品就是幽默，就是观察，就是道德，就是美学，就是精神和艺术相结合的内容，就是英吉利海峡对岸六千万英国人民独特的（对我们而言往往是陌生的）、一种充满渴求、令人喜欢的生活感觉。不是他把一部作品创作了出来，而是英国的最强大、最丰富、最独特的现代文化，同时也是最危险的传统，创作了这部作品。

千万不要低估传统生机勃勃的力量。每一个英国人都保持了英国人的本色，比德国人保持他们的本色要顽固得多。英国特色并不像一层软漆、一种颜料涂在人的精神机体表面，而是渗入英国人的血液之中，调节英国人的节奏，激起个人最内在的、最秘密的东西，激起个人身上最独特的东西：激起艺术性。作为艺术家的英国人也比德国人和法国人更努力地对自己的种族尽义务。可以说，每一个英国的艺术家、每一个真正的诗人都要和自己身上的英国传统特性进行搏斗。但是即便是最炽烈的、最厉害的仇恨，也不可能把传统强压下去。强大的传统以它细密丰富的血脉延展到他们灵魂的土壤之中：若是谁想把这身英国传统特性的皮肤从自己身上撕裂，就得冒着创口血流不止的风险撕裂整个机体。也有几位贵族——拜伦、雪莱、王尔德①，他们渴求成为自由的世界公民，痛恨传统的英国人身上那与生俱来的市民气息，想要消灭自己身上的英国人传统特性，结果把自己的生活撕扯得七零八落。

英国具有世界上最强劲有力、最无往不胜的传统，也是对艺术家而言最危险的传统。之所以说它是最危险的传统，是因为它以一种"阴险狡诈"的形式入侵渗透：它并非一片冰冻的荒漠，

---

① 奥斯卡·王尔德（1854—1900），英国作家、诗人。

并非偏僻荒凉或者对宾客不友好，而是以温暖的炉火和温馨舒适的氛围引诱来客，但同时它以道德的界限来对宾客们加以限制，使靠近它的人感到拘谨、遭到控制，投奔他处的宾客们很难和自由的艺术欲望协调一致。

英国传统就像一幢简朴的寓所，里面充斥了可以抵御人生危险风暴的浑浊空气，它好客殷勤又欢快友好，是个壁炉里炉火烧得旺旺的、使市民阶层感到心满意足的真正的家。然而它对于以"世界"为故乡的人，对于认为最深刻的欢乐是在无所限制的领域中像游牧民族似的浪迹天涯、以漂流四方为终极幸福的人们而言，这里只是一座监狱。狄更斯在英国传统中舒舒服服地安顿下来，在它的四堵墙壁中间惬意地居住着，他在这故乡的氛围中倍感舒适，他的一生从未跨越过英国的艺术、道德或者审美的界限。他不是一个革命者，他身上的艺术家性格和英国人传统相处得极好，渐渐地他可以完全和英国人融为一体了。狄更斯的作品使他的民族无意识化为艺术的意志：倘若我们要限定他作品的强度、分析其中罕见的优点和被传统耽误的可能性，那么我们就是在和英国传统纠缠不清。

狄更斯的作品是处于两个时代之间的英国传统表现出的最高文学表达。一方面他的作品体现了拿破仑充满英雄气概的世纪和光荣的往事，另一方面描述了帝国主义及其未来的梦想。如果说他只是为我们创造了异乎寻常的东西，而没有做出强劲有力的成就——然而他的天才注定了他能实现这样的成就——那么阻止他做出这一贡献的不是英国，也不是民族性，而是无辜的瞬间：英国的维多利亚时代。谈及此，其实莎士比亚也是一个英国时代最高可能性的体现，是对其所在时代的诗意的实现：但莎士比亚正处于伊丽莎白时代，那时的英国强盛健壮、勇于进取，充满青春活力，触觉无比敏锐。强盛健壮的英国第一次伸出手，想为自己赢得一个世界帝国，强盛健壮的英国热力四射，精力充沛，环伺眈眈，蓄势待发。莎士比亚也是一个勇于行动、意志坚强、精力旺盛的明日之子，于是新的地平线涌现出来，英国人在美洲赢得了一些荒诞的国度，宿敌被击溃，文艺复兴的烈火从意大利一路燃烧过来，延烧到北国的浓雾之中，一个上帝、一种宗教被推翻了，世界充满了崭新的、生机盎然的价值观。

莎士比亚是英雄主义英国的化身，而狄更斯是资产阶级英国的象征。他是另一位女王——那位性格温和、母性十足、无关紧要的年老女王维多利亚忠心耿耿的臣仆，他是一个拘谨腼腆、欢快舒适、被管理得井井有条，但没有干劲、没有激情的国家制度里的公民。他的艺术发展为时代的沉重所阻，他所在的这个时代并不感到饥饿，只想消化现有的：疲软的风儿戏弄着他船上的风帆，从不会驱赶他的航船离开英国的海岸，驶向陌生地域那危机四伏的美丽景色，驶进那无路可循的广袤无垠。

狄更斯总是小心翼翼地停留在故土乡里习以为常、世代相传的事物中——总之，莎士比亚体现了贪得无厌的英国的勇敢，狄更斯体现的则是饱食餍足的英国的谨慎。

狄更斯生于 1812 年。他环顾四周，而周遭昏黑一片，使欧洲各国已经朽坏的梁柱几乎纷纷坍塌的熊熊战火已经熄灭。拿破仑的近卫军在滑铁卢和英国步兵对抗后被打得支离破碎，获得救赎的英国眼看着自己的死敌在远方的海岛①上失去王冠和权力，孤寂地彻底沦亡。狄更斯没经历这件事，他没有看见这场改变世

---

① 拿破仑在 1815 年滑铁卢兵败后被流放到大西洋的圣赫勒拿岛上，直到 1821 年去世。

界的烛天大火，也没有看见熊熊火光从欧洲一端向另一端扑了过去；狄更斯只看到了英国的浓雾。这个少年出生时周围已找不到任何英雄，英雄时代已经一去不返。当然在英国还有几个人不愿意相信这点，他们还想用暴力和激情把滚滚向前的时代车轮往回拉，把一度风驰电掣的速度赋予这个新的时代，然而英国想要安宁，把这几个人一把推开。于是他们又追随着浪漫派遁入隐蔽的角落，想方设法将可怜的星星之火中再次点燃成烈火。但是命运不容强迫：雪莱溺死于第勒尼安海①，拜伦爵士在米索隆基②死于热病：这个时代不想再经历冒险了。世界呈现出一片灰白色，英国舒舒服服地享用着那些鲜血淋漓的战利品；布尔乔亚、商人是坐在宝座上的国王，躺在懒椅上大伸其腰。饱啖后的英国正在进行饭后消食。当时的艺术若想被承认，必须有助于消化，不得蛊惑人心，不得用狂热的感情波动使人心神不宁，只能用轻轻的、温柔的方式对人心挠痒、抚摩。

这时的艺术被允许多愁善感，但又不能过于悲切凄惨。人们不需要疾风骤雨电闪雷鸣般的劈开胸膛，终止呼吸，凝固血液——大家在现实生活中已经过于了解这些情况，用不着再看从法国和俄国运来的写满斗争的报纸——生活中只要有点些许轻微的心惊肉跳就够了，例如读几篇滑稽的故事、做几个无关痛痒的解闷游戏，把装着历史的五颜六色的线团滚来滚去。

当时的人们想要的只是"壁炉艺术"，就是在窗外狂风呼啸、风雨飘摇、屋柱晃动的时候舒舒服服地坐在壁炉边阅读书籍，书

---

① 地中海的一部分，位于意大利半岛西面。1822 年 7 月，移居到斯贝齐亚海湾的近勒里奇镇居住的雪莱在迎接好友的船上遭遇风暴，两人落入海中并溺亡。

② 希腊城市名。1822 年，土耳其人占领了属于希腊版图的希阿岛，侵略者的暴行激怒了全欧洲的进步人士。大诗人拜伦直接参战，牺牲在米索隆基。

中会迸发出许多不足以构成危险的小小火苗，他们只要那种像茶一样浸润温暖的艺术，而不是使他们手舞足蹈、感情迸发、迷恋陶醉的艺术。昔日的胜利者竟变得如此胆小怕事，只想守成和维持，而不敢有所进取和变化，他们似乎惧怕自己的感情过于强烈和丰富。无论是阅读书中的故事还是处于现实生活中，他们都仅希望得到恰到好处的激情，不要那种狂风肆虐的极乐，只要规规矩矩信步前行的正常情感。

在那时的英国，平静安逸才是幸福，贞静端庄才是审美，古板拘谨才是品德高尚。提到民族感情就是正直忠诚的，提到爱情就等于婚姻。一切原本应该生机勃发的东西都变得苍白无力、羸弱贫血。英国是这样的心满意足，因而不希望有任何变化。所以，一种想要被这个餍足的民族赞许推崇的艺术必须要心满意足地赞美现存的一切，不能在此之外还另有所图。终于，这个寻找一种舒适亲切的"消食"艺术的意志找到了它的天才，正如伊丽莎白时代的英国当年也找到了它的莎士比亚。

狄更斯在当时英国对艺术需求下生逢其时。他在恰当的时候出现，时代造就了他的声誉：然而他也为这种时代需求所控制，这注定了他的悲剧。他的艺术创作受到了餍足的英国舒适的伪善道德的滋养：如果没有一种如此非凡的诗意力量支撑他的作品，如果他那熠熠生辉、金光灿灿的幽默不能掩饰他感情内部的毫无色彩，那么他的艺术只能在英语世界中拥有价值，他的作品将会像大洋彼岸指法灵巧的人们编造出来的几千册长篇小说一样，使今天的我们感到兴味索然。只有当我们从灵魂深处厌恶维多利亚时代文化的伪善和偏执，我们才能心怀憧憬和赞美地衡量狄更斯的惊世才华。他的艺术令我们感到这个令人反胃的世界也有其可爱风趣之处。狄更斯拥有把最平庸乏味的人生散文转化为诗歌的神奇能力。

狄更斯自己从未和这个餍足舒适的英国进行过斗争，但在他灵魂深处或者说在他的潜意识里，他身上的艺术家性格一直在和英国传统特性进行搏斗。他起步时原本步履强劲稳健，但他渐渐地来到那个绵软一片的时代半坚硬、半松软的沙地里，这种沙地让他走得疲惫不堪，于是经常走到那早已被传统踩得平平实实的脚印上去。

最后狄更斯完全屈从于他的时代了。关于他的命运，我总会想到格列佛①在小人国的冒险经历：小侏儒们趁巨人熟睡时用千百条细细的绳索把他牢牢地拴在地上，巨人醒来时发现自己已被捆得结结实实。他若不宣布投降、发誓绝不违反这个国家的法律，小人们绝不会放开他。英国传统跟小人国的做法如出一辙，在狄更斯处于籍籍无名的沉睡状态中时把他捆了起来，捆得结结实实：用一系列成功把狄更斯牢牢拴在了英国的土地上，这些成功把他拽进荣誉的网茧中，把他的双手锁住。

狄更斯经历了一个漫长阴郁的童年，后来在议会担任速记员。偶然有一回，为了增加更多的收入，他尝试着写了些短篇，这些作品并不是出于一时激情和写作的需要而创作的。这次尝试取得了成功，报纸纷纷向他约稿。接着有位出版家请他为一个俱乐部撰写讽刺性的杂文，在某种意义上是为给英国贵族们创作的漫画配文。狄更斯接受了邀请并远远超过人们的期待，大获成功。《匹克威克外传》取得了史无前例的成功，两个月以后，"博兹"便成为民族作家。荣誉推动他继续前行，匹克威克俱乐部的

---

① 《格列佛游记》是英国作家乔纳森·斯威夫特（1667—1745）发表于1726年的作品，以外科医生格列佛的四次出海航行冒险经历为线索，以讽刺的方法抨击了当时腐败的社会。

故事变成一部长篇小说，并又一次获得成功。那些小人国细小的罗网、民族荣誉的秘密枷锁拉得越来越紧，如雷的掌声逼着狄更斯写完一部作品又写下一部作品，逼着他愈发地顺应时代趣味的风向。阵阵热烈的掌声、纯粹的成功和艺术要求创作者具备的骄傲意识以错综复杂的方式编织成几十万个罗网，把狄更斯牢牢地捆绑在英国的土地上，直到他彻底宣告投降，打从心底里发誓，永不逾越他的祖国的美学和道德的法则。

狄更斯深陷于这种英国传统市民趣味带来的权力中，就像一个落在小人们手中的现实版格列佛。原本他奇妙的想象力可以像雄鹰似的振翅飞翔，飞越这个狭隘的世界，却被成功这个脚镣羁绊住了。来自内心深处的一股自我陶醉和满足的情绪阻碍了狄更斯对艺术不息的追求，可以说狄更斯对眼前取得的成功是感到心满意足的，他对他所在的时代、对他的故土英国、对他的同时代人都表示心满意足，而他们也对他的表现很满意。双方对彼此的希望都是就像现在这样，一成不变下去。狄更斯心里并没有狂热的激情想要去教育他人、打动他人、激励他人、提升他人，也没有伟大的艺术家们内心与生俱来的那种敢于对抗上帝的强大意志，敢于颠覆上帝创造的旧世界，再根据自己的蓝图设计一个全新的世界。

狄更斯是个敬畏上帝的虔诚子民，他对现有的一切都满怀善意地赞美不已，心满意足，毫无抱怨，并且永怀一颗赤子之心，随时充满了兴高采烈的欣喜之情。他曾经是个生活十分穷困的男孩，被无情的命运之神所遗忘，被喧哗的世界所惊吓，他的整个青年时代从事的都是一些卑微寒碜不足挂齿的职业。当时的他对人生也曾有过斑斓的渴望，但是所有人、所有现实都把他摒弃，使他处于长期惊慌无助的状态中。他的内心十分痛苦，他的童年也可以用文学上可悲的经历来形容——他原本内心深处具有独创性愿望的种子深埋在现实那寂静而痛苦的丰腴泥土中，他深埋在心底的目的是等他具备了向这文学方面发挥作用的能力和可能后，就要为这样的童年复仇。他打算用他创作的长篇小说帮助所有遭到遗弃、被人遗忘的孩子，这些可怜的孩子像童年的他一样，遭遇过恶劣的老师、备受忽视的学校、漫不经心的父母和大多数人对他们随便、冷漠、无情、麻木、自私的态度。

他本来想给可怜的孩子们的儿时描绘几朵色彩绚丽的能给他们带来欢乐的花朵，可是这些花朵由于没有经历善意的雨露滋润，已经枯死在他自己的胸中。后来生活又把一切美好的成功给予了他，他就不需再为此发声；但黑暗的童年依然在心底呼唤着要求他复仇。狄更斯从事诗意创作的内心意志和生活目的便是帮助这些弱者：他想通过自己的艺术创作改进当代的生活秩序。

狄更斯并不希望完全地摒弃现有时代这种生活秩序，他也不会像浪漫派那样敢于起来反抗国家的各项标准。他从不会施以威胁，也不会举起愤怒的拳头来反抗整整一代人，或者是反抗立法者，反抗一切市民和一切习俗的虚伪，而只是不时地、小心翼翼地用手指指出郍些已经敞开的创口。英国是欧洲唯一在当年（1848 年左右）没有爆发革命的国家。所以狄更斯也不想推翻什么、新建什么，他只要纠正和改进就满足了，他只想在荆棘最尖利的、扎进肉里让人疼痛的地方把社会上不公的现象磨平并使其缓解，从来没想过要把问题的根源、把矛盾最深层的内在原因挖出来并加以消灭。

作为一个被传统喂养的英国人，他不能也不敢涉及批判道德和传统的基础，这些东西对于保守分子而言就像圣歌和福音书一样神圣不可侵犯。这种从他所在时代不温不火的脾气和心满意足中提炼出来的精华在狄更斯身上体现得极为典型。他对人生要求不多，对他笔下的人物也要求不多。巴尔扎克笔下的每一个主人公几乎都被描述为贪婪成性、权势欲旺盛，为夺取权势的欲念所醉心。可以说巴尔扎克笔下的人们是不知餍足的，他们都贪得无厌，每个人都想成为世界的征服者、颠覆者、无政府主义者，同时又是暴君。每个人身上都有着拿破仑的秉性。

而后面要说的陀思妥耶夫斯基，他笔下的主人公们也都是火暴脾气，常常表现出极度兴奋的样子，意在推翻和颠覆整个世界秩序，虽然他们在现实生活中极为穷困匮乏，却敢于伸手触探真正的人生；他们连市民阶层都不是，但每个人都敢透过一切谦卑，闪烁着危险的倨傲，想要成为一个救世主。

两相对比，巴尔扎克书中的主人公是要使眼前的世界屈服于自己，而陀思妥耶夫斯基的主人公是要超越自己所在的世界。两者都鼓起超乎寻常的劲头，假如将他俩放在一场射箭比赛中，两者的追求目标都是永无止境的。而狄更斯的人物全都表现得谦虚、谨慎、慎微。上帝啊，他们想要什么呢？不过就是在伦敦附近有一所乡间小屋，有个小花园，一年挣一百英镑，家中有漂亮的老婆和儿女环绕，招待好友时有一桌像样的菜肴，窗外一片茵绿，一大把幸福稳稳在握。这些人的理想是市侩的、充满小市民气息的：关于这一点，在读狄更斯的作品时要心中有数。这些作品背后的创造者不是一个怒气冲冲的、犹如超人和巨型精灵的神灵，而是一个心满意足的观察者、一个奉公守法的市民。实际上，狄更斯所有的小说中都弥漫着这种市民阶层的气氛。

因此，狄更斯令人难忘的壮举其实只是如此：发现了市民阶层的浪漫情调，平淡无味中的诗意。他是第一个把日常生活化为诗艺的人，他让太阳透过灰蒙蒙的沉闷迷雾散发出温暖和煦的光芒。若是有谁在迷雾重重的英国看到变得和煦的太阳穿透一圈阴郁的迷雾而织出的金光多么的灿烂辉煌，他就会感受到一个诗人必须用艺术的方法，在昏沉的灰色迷雾中把这救赎之光赋予他的民族，使他的民族欢欣鼓舞、焕发生机。狄更斯就像是点缀在英国人日常的平凡生活身上的金锁，简单的小人物头上加持的圣人光圈，是英国的牧歌，是朴素的事物。

在伦敦郊区狭窄的街道上，狄更斯正在找寻他的人物和他们的命运，其他诗人则毫不经意地从这些人物身旁兀自走过。其他诗人都在贵族沙龙上的枝形吊灯下，在前往神话故事中魔幻森林的途中寻找他们的主人公，他们去往人迹罕至的地方苦苦搜寻着不走寻常路的、极为例外或罕见的东西。对他们而言，市民是尘世间的底层，而他们只想寻找烈火似弥足珍贵的、在极乐场景中奋发向上的灵魂，以及与生俱来具有抒情的英雄气概的人。

狄更斯并不对把十分普通的、位于物质世界底层的工人当作自己的人物感到羞耻。他不羞于承认自己是自学成才；他自己也来自底层社会，对这个环境始终怀有一种动人的敬畏。他对平凡的东西有一种非常特殊的热情，对毫无价值的、古董般的东西和生活中被人忽略的小玩意总是激情满怀。他的作品本身也是一间装满杂货的古玩店，里面是大堆稀奇古怪、乱七八糟的东西，或者说是毫无用处的废旧物品，等待着有人问津，常常白等好几十年。可是狄更斯有一种魔力，他把这些古老的、陈旧的、毫无价值而且尘封多年的废品全都翻出来，重新把它们擦得亮亮的，修缮一新，安装妥当，放在他那充满欢笑的、穿透迷雾的和煦阳光之下并展示出来，然后这些东西突然间闪闪发光起来，焕发出前所未有的光彩。

狄更斯也是这样从普通人的胸中取出许多细小的、从不为人所重视的感情，仔细倾听，把它们的齿轮装配整齐，直到它们又滴滴答答地活跃起来并响动为止。突然之间，这些微小的东西、陈旧的东西、被人忽视的东西像小巧玲珑的玩具钟表一样，嗡嗡作响，发出咕叽咕叽的声音，甚至能唱出歌来，带着一段古老轻柔的旋律，而且比其他诗人歌唱神话国度里英雄骑士的哀伤故事和歌唱湖上夫人的小调更加悦耳动听。就这样，狄更斯把整个市民世界从被遗忘的灰土堆里挖了出来，重新组装，使它们锃亮崭新地呈现在世人面前：在狄更斯的作品里，市民昏暗的世界变成一个如此生动活泼的全新世界。

狄更斯十分宽容，他把市民阶层的蠢事和底层局限性变得可以理解，他满怀着关爱之情把他们的美丽写得显而易见，把他们的迷信转化成一种崭新的、诗意浓郁的神话。在他的小说里，炉边蟋蟀的唧唧叫声也能化为使人愉悦的音乐，除夕夜的钟声可以用人的舌头说话，圣诞夜带来的魔力使诗歌和宗教感情融为一体。狄更斯能从最小的节日中提炼出超乎节日自身的深刻含义：他帮助所有朴实的人们发现他们日常生活中的诗意，让他们最亲爱的东西、他们的家——狭窄的房间变得更加可爱：壁炉里燃着的红色炉火毕毕剥剥响着，干燥的木柴在炉火中噼啪作响，桌上的茶壶咕咕直叫，仿佛要献歌一曲，房间里的人们心满意足，这温暖和自足使主人与外面世界贪婪的疾风暴雨、狂野的放肆行径彻底隔断。

狄更斯意在教会一切被打入平凡生活中去的底层人生找到属于自己的平凡的诗意。他向成千上万人指出：永恒会在某个地方等待进入到他们穷苦的生活之中，宁静欢乐的火花就散布在日常生活的灰堆之下，狄更斯教导他们如何让这火花迸发出来，变成熊熊燃烧的欢乐炉火。他想帮助穷苦的人和受过压迫欺负的孩子们。对于一切在物质或精神上超越这些中等水平生活或者说市民阶层的东西，狄更斯都反感，他全心全意地只喜欢通常的、中等水平的东西。对一切有钱人和贵族、生活中得到优待的人，狄更斯都心怀怨恨。所以这些人在他作品里几乎总是被描写成坏蛋，好像全是守财奴，很少有正面形象，描绘他们所用的笔触几乎总是寥寥几笔的简笔画。狄更斯发自内心地疏远他们，当他还是个孩子时，经常给因为负债被关在监狱里的父亲①送信，看见过太多扣押的案例，他深知缺少金钱是什么滋味。

年复一年，少年狄更斯在老亨格福德浮动平台②顶层的一间肮脏的、不见阳光的小房间里，每周苦干六天，每天干十个小时，把标签贴在鞋油盒上，再用绳子缠几百上千个鞋油盒，直到他的一双小手火辣辣地作痛，他常感到"完全被人看不起，生活无望"，因自己地位卑微，心中自惭形秽，泪水从他饱受冷落的眼睛里涌出。工作地旁边就是臭气熏天的泰晤士河，走在那些个伦敦街头冷雾弥漫的早晨，饥饿和匮乏的滋味他实在领教得太多。狄更斯后来很少提及这段往事，那时候没有一个人向这个少年伸出援手。豪华的马车从这个饥寒交迫的孩子身旁疾驰而过，骑士纵马经过倏忽而逝，整条路上没有一扇大门为他打开。

只有从小人物那里，他才能得到一点好心和善意，因此成名后的他也只想对这些人回赠礼品。他的作品非常民主——并不是社会主义，他对那些激进的思想还毫无意识——只是用一些爱情

---

① 当时狄更斯的父母因为欠债被关进马歇尔西监狱，全家的生活一时陷入极度贫困。

② 老亨格福德浮动平台（old Hungerford Stairs），伦敦地名。1824 年，12 岁的狄更斯在附近的一家华伦黑鞋油厂做童工，工作环境肮脏破败，那是狄更斯一生中最为凄惨的阶段。

和同情赋予他的作品激情燃烧的火焰。在市民阶层的社会里——在介乎贫民收容所和养老金之间的中间地带——他待在那里，最适得其所，只有在这些朴实的人们身边他才会觉得舒服。所以他仔细地描绘他们的房间，把充满和煦阳光和温暖炉火的房间描写得安馨舒适，就仿佛他自己也想住在里面，他为他们编织一个色彩斑斓的、充满白日焰火的命运，和一场梦。他是他们的律师、神父、宠儿，是他们质朴灰暗的世界里光辉灿烂的太阳，永远为他们播撒下温暖和煦的阳光。

通过狄更斯的笔，这个世界里渺小人物们兼虚朴实的现实生活变得多么丰富多彩啊！市民阶层的整个家居生活，连同里面的家具和五光十色的职业、各种难以衡量的复杂感情，在狄更斯的小说里组成了一个小宇宙，里面自有属于它们的星辰和群神。狄更斯犀利的目光所及之处，在渺小人生中窥探到许多宝藏，他用细密的罗网把它们吸取出来，带到阳光之下。在这片熙熙攘攘的渺小人群中，他捕捉到了多达几百个的人物形象，这些人物足以装满一座小城。他们中有些人很难被人们忘怀，将成为文学作品中永恒的人物，他们的存在将一直延伸到英国人现实中的语言概念中去。匹克威克、山姆·维勒①、培克斯尼夫②和贝齐·特洛特伍德③，所有这些人的名字将会在我们心里像具有魔力般的唤起令我们微笑的回忆。这些小说作为素材是多么丰富啊！单单大卫·科波菲尔的那些故事，就足以为别的作家的毕生作品提供真

---

① 小说《匹克威克外传》的人物，匹克威克的仆人，主要人物之一。他出身贫苦人家，从城市下层人民中混出来，社会大学堂造就他通晓世故，一次次为匹克威克解围，充分表现出他的机智多谋、勇敢干练。

② 小说《马丁·恰索勒威特的生活和奇遇》中的人物，在"仁爱"的外衣下干着见不得人的勾当。

③ 小说《大卫·科波菲尔》中的人物，她和一个仆人住在海边的房子里。

实的材料了。

就内容的丰满和情节的生动而言，狄更斯的小说堪称真正的长篇小说，不像我们德国的长篇小说，几乎都是勉强拉长篇幅的中篇心理学小说。狄更斯的作品中很少有僵化死结之处和空洞的、衔接不够流畅的段落。这些小说拥有事件完整的涨潮退潮，就像一片真正的汪洋大海，无边无际，深不可测。在他的作品中，我们几乎望不到这些杂乱无章地挤成一片、熙熙攘攘欢蹦乱跳的人群尽头，他们统统都涌到心灵的舞台上，有时候一个人把另一个挤下台去，又有别的人乱糟糟地旋转着从你跟前经过。不可计数的人物只是散步似的从旁走过，却没有一个丢失；大家互相补充，互相促进，又相互为敌，积累起那重重光影。他们你方唱罢我方登场，漫无条理，或欢快或严肃的纠葛就像小猫戏弄线球似的，他们把情节抛来抛去，弄得扑朔迷离，充满各种可能的感情飞快地上升又下落，所有的一切全都混在一起：欢呼，狂放，激情，战栗；有时是因为内心感动而泪眼婆娑，有时又是因为放松欢乐而泪花闪闪。忽然间乌云密布，云朵碎裂，然后又重新堆在一起，最后暴风雨涤净乌云，阳光普照，空气清新，海盗称臣，美人鱼歌唱。

有些长篇小说像是由上千个个别的战斗汇成的一部《伊利亚特》①，一部没有神话人物的尘世版《伊利亚特》。还有些长篇小说只是一曲歌舞升平的朴实牧歌，所有这些长篇小说，无论是出类拔萃还是无法阅读的，都有着多姿多态的丰富的特点。所有这些长篇小说即便狂野至极、感伤至极，在描绘悲剧景致的山谷中也会找到它们令人赏心悦目的可爱之处，如朵朵花卉夹杂其间。

---

① 希腊最早的史诗《荷马史诗》的一部分，重要的古希腊文学作品之一。

令人难以忘怀的优雅可爱之处犹如娇小朴素的紫罗兰，内敛平实，在狄更斯小说广袤辽阔的草原上等待着、守望着，到处都是无忧无虑欢快歌唱的清澈山泉，它们流过各种事件汇成的怪异突兀的幽暗山石，发出铿锵有力的音符。

狄更斯的作品中有的篇章纯净如斯，充满仙气，仿佛从未被尘世的欲望所纷扰，像阳光般灿烂明朗，盛开在开朗、柔和的人性之中，只能拿最美的风景与它描述的效果相比：因着它们，我们非喜欢狄更斯不可，因为他的作品里遍布这类小小的技巧，以至于技巧的充盈也成为一种宏大。谁能数得清他笔下所有这些古怪的、亲切的、温和的、可笑却总令人喜爱的人物？这些人连同他们的一切怪癖和个人特点都被他抓取提炼出来，安置在稀奇古怪的职业里，卷入妙趣横生的奇遇中。他们的数量如此之多，成百上千，但又不会有雷同，他们并不是出自一个模型，他们之间有着细如毫发的区别，而且全都充满感性，鲜活生动，没有一个形象是出于臆想，都是诗人无可比拟的目光亲眼所见的。

这道无可比拟的目光精准犀利，无可比拟，像一台永不出错的精妙无比的仪器。狄更斯的确是个目光犀利的天才诗人。我们不妨细细地来观察他的每幅画像，无论是青年时代的，还是（最好是）壮年时期的肖像：他最传神的是那双光芒奇特的眼睛。这并不是一双诗人该有的眼睛，诗人该有的眼睛应该在美妙的幻想中转动，或是散发出一种黯然神伤的色彩，或者是柔和的、屈从的，或者是炽热的、富有想象力的。狄更斯有一双英国人的眼睛，它是灰色的，充满了冷静，一闪一闪，发出钢针似的锋利闪光，又像用钢铁铸成的保险箱一样，里面收藏着一切丰盛的素材，钢铁的身体使得素材不致被火焚烧，也不会轻易丢失，凡是被狄更斯在某个偶然机遇下——昨天或是多年以前从外部世界收

到的东西，都密不透风地存放在此中：最崇高的东西和最无关紧
要的都被珍藏于此，还有当他五岁时看到的伦敦某个杂货店里的
某张色彩鲜艳的招牌，还有恰好立在他家窗前的一株花繁叶茂的
大树。这双眼睛对任何东西都能过目不忘，比时间更强劲有力：
这双眼睛背后有一个记忆的仓库，存放其中的印象被一个一个地
仔细排列着，直到诗人需要时把它们其中的某一个叫出去派上用
场。这样什么印象也不会被遗忘，无论苍白的还是灰暗的，总之
所有的一切都摆在那里，始终充满芳香和汁水，色彩缤纷，清澄
明朗，等待着被调遣时能派上用场，在这里没有什么会死亡或
枯萎。

　　在狄更斯身上，他那双眼睛拥有的记忆宝库是无可比拟的。
它以钢铁般的刀刃切开童年的迷雾；在《大卫·科波菲尔》这部
伪自传中，两岁的孩子用锋利的刀刃从无意识的背景里切下对母
亲和侍女回忆的剪影。狄更斯笔下从不会有模糊不清的轮廓，他
不会为着想象给出模棱两可的答案，而是力求描述清晰明确。他
的表现力之具体，不让读者的想象力有一点点自由的意志，或者
说他挟持了读者的想象力（他也因此成为一个没有想象力的民族
的理想诗人）。

　　如果把二十位画家放在狄更斯的著作前，让他们画出科波菲
尔和匹克威克的画像，那么他们呈现出来的作品看起来会非常相
似，甚至无法分辨，他们都会把匹克威克画成一个胖乎乎的穿着
白背心的男人，有一双友善的眼睛，戴一副眼镜；会把科波菲尔
画成一个好看的金发男孩怯生生地坐在前往雅尔芳斯的邮车上。
狄更斯的描写是如此逼真和细致入微，让读者不得不跟着他那具
有催眠魔法的目光移动；但是他的目光并非巴尔扎克那种具有另
一种魔力的目光，巴尔扎克是先制造出一片混乱，然后让人物在

混乱中摆脱自身激情燃烧似火的云彩。狄更斯的目光则非常深入尘世，就像用海员的目光、猎人的目光、鹰隼的目光去发现和捕捉小小的人性。狄更斯曾经说过，这些小事情恰恰包含了人生的意义。他的目光搜寻着人性中的小小标记，他能看见平民阶层衣服上的污点，还有窘迫时无助的手势。在人们火冒三丈的时候，他能揪住他们藏在黑色假发套下露出来的几绺红发。

他还能感觉到极为细微的变化，与人握手时能触摸到每一根指头的动作，以及人们的微笑中隐约明暗的层次。狄更斯开始他的文学创作前曾在议会当过多年速记员，在那里得到过系统的训练，例如知道用何种方式把详尽的叙述简练概括起来，一个笔画可以代表示一个单词，短短的一弯可以用来表示一个句子。于是在他后来的文学写作中也练就出了一种贴近现实生活的速记描写法，用小小的记号代替描写，从那么多五花八门的现实事件中提炼出观察后的精华。狄更斯对于无数的小的外部事件有着一种令人感到惊讶的尖锐目光。他犀利的目光不会忽略掉任何一样，他的双眼像照相机精致的快门，能精确地捕捉到一个动作或手势百分之一秒的瞬间。什么东西也逃不过他犀利的目光。然后再通过一种独特的折射方式，他的目光变得更加犀利灵敏。这种折射不是像镜子一样简单地反射出目标自然的比例，而是像一张凹透镜似的把目标放大，能将其性格特点凸显出来。

狄更斯很善于使用人物的标记，这种标记是指他把人物从客观状况中提炼出来推向提高后的状况，推向漫画式之后的状况。善于使用标记这种做法使他作品的人物变得更加积极，成为象征。例如看到匹克威克心宽体胖的样子就说明他的心灵也如此丰满充实，而瘦削干瘪的金格尔①内心跟他的外形一样干瘪贫乏。恶人都会变成魔头，善人都变成有血有肉的完人。和任何一个伟大的艺术家一样，狄更斯也会对人物和他们的性格加以夸大，但他不会夸大到宏伟壮观的地步，而是夸大到幽默诙谐的境地。他的描写具有的难以诉说的逗乐效果并不完全出自他个人的情绪秉性，出自他随意的忘乎所以，而是它们本来就存在于某个奇特的角落里，狄更斯凭着他超强的犀利之眼，把所有现象以奇妙的、漫画式的图样投射到生活中去。

事实的确如此——狄更斯的天才存在于这种特殊的光学世界中，而非在他那有些过于市民阶层的心里——狄更斯其实从来不是心理学家，而是一个用魔力把握灵魂的人，他让事物从人们灵魂明亮或阴暗的种子里成长，在各种色彩和形式中发展。他的心理学始于看得见的事物，他是通过外在的东西——那些最后的、最精致的外在的东西——这些东西只有具有诗意的犀利之眼才能看见——来刻画人物的性格。和英国的哲学家们一样，狄更斯不是从先决条件着手，而是从"标志"开始。他先抓住心灵之中最不显眼的、完全物质的各种表现，通过他独特的、漫画式的光学透视世界，让我们对人物的全部性格一目了然，并通过这些标志认出这类人。

例如，狄更斯给学校老师克里寇②设置了一个声音低弱的嗓子，要费很大劲儿才说得出话来。大家可以想见，孩子们看见此人说话时额上青筋暴起的样子自然会不寒而栗。乌里亚·希普③的手总是冰冷潮湿的，这个人物形象让人感到很不舒服，像条蛇

---

① 《匹克威克外传》中的流氓，受到匹克威克的道德感化后改邪归正。
② 小说《大卫·科波菲尔》中的人物。
③ 小说《大卫·科波菲尔》中的人物。

似的恶心。这些描写的都是细枝末节，是外表现象，但这些东西恰好对人的心灵发生作用。狄更斯有时候表现的其实是一个活生生的怪念头，让它和某个人物叠加在一起，让那个人物在怪念头的支配下像玩偶似的机械活动。狄更斯有时候还通过人物的陪伴者来刻画他们的性格——如果没有山姆·维勒，匹克威克会成为什么样呢？如果朵拉没有吉普、巴纳比①没有乌鸦、吉特②没有那匹小马，他们会变成什么样子呢？

狄更斯并不是在人物自身上描绘他们的特性，而是在他们投射的形形色色的古怪影子上描绘人物特性。他作品中的人物性格永远只是一堆特征，但这些特征被他的犀利之眼雕刻得如此精致，人物与特征互相适应，分毫不差，合为一体地拼出一张绝妙图画。它们大多是对外表物质发生作用，因此表现得清楚明了，创造出一种强烈的属于视觉的记忆，而不是模糊的、感情深刻的记忆。

如果我们随便找一个巴尔扎克或陀思妥耶夫斯基作品中人物的名字，比如高老头或者拉斯柯尔尼科夫③，就会有一种感情回应我们，让人回忆起一种献身精神、一种绝望，或者一种混乱的激情。而当我们说起匹克威克，眼前出现的是一幅图像：一位和蔼可亲的先生挺着他胖胖的肚子，背心上镶着金纽扣。在这里，我们可以感到：一说起狄更斯笔下的人物就会想起一幅图画；想起陀思妥耶夫斯基和巴尔扎克笔下的人物，就像想起音乐。因为后面两位是凭本能创作，而狄更斯只是复制。后面两位是用精神的眼睛观看，而狄更斯是用肉体的眼睛观看。对于人物的性格特征，狄更斯不是在他们的灵魂像幽灵似的出没时去抓住它们，而

---

① 狄更斯的历史小说《巴纳比·拉奇》中的主要人物。
② 小说《老古玩店》中的人物。
③ 陀思妥耶夫斯基的小说《罪与罚》的主人公。

只是在灵魂被炽热的幻觉魔咒的重重强光的逼射下从无意识的黑夜中升起时，抓住它们的。

狄更斯只是窥视着这种非肉体的影响，当它在现实生活中产生影响时，他立刻捕捉住灵魂对肉体的上千种影响，绝不错过任何一种。他的想象力其实来自犀利的目光，因此他的作品只足以表现那些处于中间范围内的尘世之人；他笔下的人物只有在正常温和的感情的温度中才形象生动。如果放在充满激情的白热化温度中，他们就会像蜡像似的融化于多愁善感中，或是在仇恨中风化、僵化、龟裂。

能够被狄更斯出色成功地描绘的只是一些直接笼统的性格，而不是多彩有趣的性格，或者能几百回顺顺溜溜从善变恶、从上帝变成野兽的那些复杂人物的性格。他的人物总是性格明确、特性鲜明，要么是出类拔萃的英雄，要么是卑劣无耻的赖皮，他们的性格都是天生的、与生俱来的，要么额头上与生俱有一道圣人的光辉，要么是有一个坏蛋的烙印。狄更斯笔下的世界在善良和邪恶间、在多情和无情间摆动。此外，狄更斯的描写方法在牵涉各种关系神秘莫测、错综复杂的世界时没有任何通途，宏伟壮丽永不可能唾手而得，英雄气概也无法被后天学会。狄更斯的成功和悲剧就在于：他始终在天才和传统间摆荡，始终处于闻所未闻与平庸陈腐之间的中间状态，始终走在尘世世界规规矩矩的道路之上，始终处在亲切可爱、感人至深、舒适惬意的市民狭隘之中。

然而狄更斯并不满足于上述荣誉：这个喜欢田园生活的人也渴求悲剧性。他一再努力地向上攀登，企图写出悲剧，可是每次总是只能达到写出效果强烈的情景剧而已。这是他的局限所在。这些尝试并不令人愉悦：尽管《双城记》《荒凉山庄》在英国文学史上算是崇高的作品，但是对于我们的感受来说它们全是败笔，因为它们的宏大是勉强做出来的表象。这些作品中狄更斯企图达到悲剧性的努力的确值得称道：他在这些小说里安排了许多政治阴谋，在主人公们头上垒起了岩石般危险的重重灾祸，唤起了雨夜的战栗、英勇的人民起义和种种革命，驱动了惊恐、战栗的庞大装置。可还是枉然，崇高的惊悚一直没有出现，它化身为一种胆怯，悲剧性的努力唤起的纯粹只是惊恐的肉体反应，而达不到灵魂的惊悚状态。在恐惧面前，那种深沉的颤抖、那种像风暴一样的效果应该让心灵怀着渴求、发出呻吟，而那种让希望在闪电中获得爆发的颤抖永远不可能出现在狄更斯的作品里。

　　狄更斯在作品中尽量把各种惊悚安排得危机四伏，可是大家并不感到害怕。在陀思妥耶夫斯基那里，有时候万丈深渊会突现眼前，人们就像在这无名的深渊中拼命喘着气；感到脚下地面消失，有阵火烧般但甜蜜的晕眩，同时感到欢乐和痛苦都到了炽热的程度，简直无法把它们区分开来，于是毛骨悚然。狄更斯把这些深渊扯开，用黑色填满它们，指出它们的全部危险；可是人们并不对此感到战栗，也体会不到那种精神上从高处坠落的甜蜜晕眩，这种晕眩也许是艺术享受中最高的魅力。读狄更斯的作品，人们总会有一种仿佛手扶着栏杆的安全感，大家知道他不会让作品中的任何人"跌倒"。大家知道主人公是不会沦落的，有两个长着白色翅膀的天使在诗人的世界里翱翔——他们是同情或公正——会带着主人公毫发无损地越过一切山岩的裂缝和洪水的深渊。狄更斯缺少一种残暴的勇气来使作品达到真正的悲剧性。他没有那种与生俱来的英雄气概，有的只是多愁善感。悲剧性体现出的是敢于反抗的狂暴意志，而多愁善感者渴望的是潸然泪下。

　　狄更斯的主人公们从来没达到过因为被绝望和痛苦折磨所产生的欲哭无泪的状态，他欲诉无言，泫然欲泣地描述出最后的暴力和柔和的感动——就像《大卫·科波菲尔》中的朵拉之死——这是他所能够完美描述的最极端的严肃感觉。每当他真正想举起手来猛击一拳时，同情的本性总是立刻拦住他挥起的胳臂。饱含同情的（往往是变味的）油料总是把刚刚激起的各种元素的强烈风暴平复下去，英国小说多愁善感的传统战胜了欲施加暴力的意志。结尾必然会是一场《约翰启示录》中的场景：末日审判降临，好人升往天国，恶人遭到惩罚。狄更斯把这种伸张正义之举用于他的大多数小说中，书中的坏人要么自己溺亡，要么互相谋杀，傲慢狂妄之辈和为富不仁之徒统统破产，他善良温和的主人公则安居乐业。这是真正的英国式的"道德肥胖症"，它使狄更斯撰写悲剧性长篇小说的宏伟灵感毫无征兆地就冷却下来，因为主宰这些作品里的世界观、维持其稳固性的装配好的陀螺已不是来自一位自由艺术家的公正，而是源于一个信奉英国圣公会的市民的公正。

狄更斯会对人物的感情进行审查，而不是让它们自由发生作用。他不像巴尔扎克那样允许感情随着各自的天性汹涌奔流，而是通过各种沟渠堤坝把它们引入运河。在汇聚而成的大运河里，这些驱动着市民阶层感情的道德磨盘转动起来。神父、牧师、哲学家、学校教师，他们都像隐身人似的，坐在艺术家的工作室里对他的人物横加干涉：他们误导他，让他不要去创作一帧模拟现实世界谦卑的自由画像，而是把一部严肃的长篇小说写成青年人的榜样或对他们的警告。当然，这种善良的想法也得到了它应得的酬报：狄更斯去世时，威斯敏斯特主教①可以赞美他的作品，大家可以放心大胆地把他的作品读给每个孩子听。但他的作品却

---

① 1579 年以后，威斯敏斯特教堂的人不再是主教，而是教长，由王室直接管理。

没有显示现实世界中的人生，而是描述了人们想让孩子们知道的那种生活，这因此也削弱了他作品的说服力。

作为非英国人，我们感到狄更斯的作品中过分强调了高尚的品德，要想充当狄更斯书中的主人公，必须是个道德典范，有着清教徒该有的理想。在菲尔丁①和斯摩莱特②的作品里，主人公会在斗殴中打扁对手的鼻子，或者尽管和贵妇人爱得火热也会和她的使女上床，但是这些所做所为丝毫不会有损那位主人公的形象。菲尔丁和斯摩莱特都是英国人，然而他们也是一个属于更注重感官享乐的世纪之子。

到了狄更斯这里，即便主人公是浪荡的无赖他也不允许他们做出这些令人恶心的事情来，他笔下的纵情声色之徒实际上都是无害的，他们的寻欢作乐之举被老处女看到也不至于臊得面红耳赤。来看看那个放荡不羁的家伙——狄克·斯维威勒③。他的放荡行为到底表现在哪里呢？哦，我的上帝啊，他不过是喝了四杯淡啤酒，而不是两杯，仅此而已。另外他从不按期付账，有点游手好闲，这就是关于放荡不羁者的一切。最后他得到了一笔遗产——当然是很小的一笔——他非常规矩地娶了一个带他走上美德之路的姑娘。即便是恶棍，在狄更斯的作品里也并非完全丧失道德十恶不赦，这些恶棍即便身上有许多邪恶的本能，血管里流着的也是苍白的血④。

这类关于英国人无欲望的谎言如烙印般印在狄更斯的作品

---

① 亨利·菲尔丁（1707—1754），英国18世纪的戏剧家和杰出的小说家之一。

② 托比亚斯·乔治·斯摩莱特（1721—1771），苏格兰医生和作家，利用行医之余从事文字工作，十分多产，翻译过大量的文学作品，被誉为菲尔丁和理查逊之后18世纪英国最有才华的小说家之一。

③ 狄克·斯维威勒，《老古玩店》中的人物。

④ 即没有男子气概，没有血性，缺乏阳刚之气。

里。这是一种斜眼的伪善，只要是它不想看见的，它全都能视而不见，这种伪善硬生生地让狄更斯把他感觉灵敏的犀利之眼从现实生活中挪开。维多利亚女王时代的英国阻止了狄更斯创作一部完美的长篇悲剧性小说，即使创作这样一部小说是他内心深处最渴望的事情。

倘若这位诗人没有一个自由的世界，使得他那独创性的渴望可以遁逃到里面去；倘若他没有拥有那双银色的翅膀，他那令人愉悦的、几乎是非人间所有的幽默可以骄傲地把他带到目标明确的阴沉领域中去，然而维多利亚女王时代的英国社会把狄更斯完全拖拽到让他自己也感到心满意足的中庸之道上来，用讨人喜欢的双臂紧紧环抱着他，把他塑造成一个可以为这个国家情欲方面辩护的虚伪诗人。

也有一个使人感到幸福恬静的自由世界，英国的浓雾不会在那里降落，那就是童年之乡。英国传统中关于情欲的谎言阉割了人们身上的性欲，强迫成年人屈服于它的暴力；可是儿童却还尽情享受他们在乐园般无忧无虑的感觉，他们还不是真正意义上的英国人，只是小小的人类花朵，英国传统的那种伪善的浓烟迷雾尚未笼罩他们繁花似锦的鲜艳世界。在童年之乡里，狄更斯可以不受英国市民阶层良心所控，不受阻挠地、自由自在地创作出不朽的作品。

在狄更斯的长篇小说中，只有童年岁月是美丽的。我想，这些处于童年的人物形象和他们或欢快或严肃的插曲永远不会在世界文学中消逝。谁能忘记小奈尔①的冒险经历呢？她和白发苍苍

---

① 小奈尔，《老古玩店》中的小主人公，她的爷爷是老古玩店的老板，人们都认为他很富有，其实他却因为嗜赌如命而一贫如洗。

的爷爷一起，走出大城市的重重浓烟迷雾，走进绿草如茵的广阔田野之中，脸上永远带着天使般纯洁无邪、温柔亲切的微笑，经历人世间的千难万险，直到死去。这感情十分动人，超越了一切的多愁善感，达到最真诚、最生动的地步。

再看看狄更斯笔下的其他儿童形象：特拉德尔①——那个穿着灯笼裤的胖男孩，挨打后在石板上画骷髅的时候，暂时忘却了身上的疼痛；吉特——一切忠实之人中最忠实的一个；还有小尼克贝②，然后便是那个一再出现的小男孩大卫·科波菲尔——那个漂亮的"非常小的，并没有受到亲切对待的小男孩"。而他不是别人，就是童年的查尔斯·狄更斯。诗人把自己童年的快乐和苦恼写得精彩绝伦，栩栩如生，再没有第二个人能把童年写得像他这样精彩。他一而再再而三地讲述这个受到惊吓、被人遗弃又耽于梦幻的男孩的故事，如何因父母双亡成了孤儿。在讲述这个故事时，他的激情诉说的确催人泪下，他那响亮的嗓音浑厚明亮，如声声洪钟。

狄更斯小说中的属于儿童们的圆舞曲实在令人难忘。在这个部分，欢笑和哭泣、崇高和可笑统统汇成一道彩虹的多色之光；感伤的和精致的、悲剧的和喜剧的，诗歌与纯真完全地融为一种新颖的、前所未见的全新之物。在这个部分，狄更斯克服了英国式的、世俗的东西，无限伟大，无与伦比。如果立一座狄更斯专属的纪念碑，那么应该让大理石做成的儿童群像围着他的青铜塑像轮流舞蹈，孩子们把狄更斯当作他们的保护人、父亲、兄弟。

---

① 汤米·特拉德尔，《大卫·科波菲尔》中的人物，他不仅见证了主人公大卫的成长过程，而且给予了大卫许多帮助。

② 他是狄更斯1839年出版的小说《尼古拉斯·尼克贝》中的主人公，是一所寄宿学校的教员，一位志向远大的青年。

为什么这么说呢？因为他是真的爱他们，并最纯净的形式来爱。如果狄更斯想把一个人物写得受人喜欢，他就会让这个人物变成孩子。因着孩子的纯真无邪，狄更斯甚至爱那些不再天真烂漫而是让人感到幼稚可笑的人、弱智者，甚至是精神不正常的人。

在狄更斯所有的长篇小说里总有一个性格温和的疯子，这些疯子具有的意志可怜得几乎丧失，像白色的飞鸟一样，远远地在满是忧愁和怨诉的世界上空盘旋。对他们来说，来人世一场不是要解决某个问题、经历一回辛苦和面对一个任务，而只是经历一场幸福的、完全不可理解但却十分美好的游戏。

剖析狄更斯如何写这些人是一件令人感动的事情。狄更斯小心翼翼地搀扶着他们，像扶着孱弱的病人一样，他会把许多的好心好意加诸他们头上，像是给他们罩上一道圣人保佑的光圈。对他而言，这些人都是贤人①，他们只能永远待在童年营造的乐园里。童年在狄更斯的作品中永远是一派乐园的样子。

每当我读一本狄更斯的小说时，我总是忧心忡忡，唯恐其中的孩子们长大，因为我知道一旦他们长大成人，最可爱、最珍贵、最值得保留的东西就会失去，诗意的东西很快就要和常规的东西结合，纯洁的真理不久就要和英国式传统的谎言交融。而狄更斯自己似乎在内心深处也同意我的这种理解和对孩子们的情感，因此他自己并不想把心爱的小主人公们匆匆交付给成年人的人生。他从不会耐心地把这些人物写到年老，因为到了老年时他们就会变得平庸不堪，泯然众人，成为俗世中的小商贩和打零工者。狄更斯会把他们带到婚礼的教堂门口，陪伴他们走过各种艰难困苦，走到舒适人生一马平川的温馨港湾中，在此和他们分道扬镳。

---

① 天主教认为"贤人"是仅次于"圣人"的人。

在这令人眼花缭乱的儿童行列里，狄更斯对其中一个孩子爱得最为深切，就是上面提到的小奈尔，他使他现实中非常爱的、非常亲密的但夭折了的女友在小奈尔身上得到永生，他完全不想让小奈尔进入粗野的、满是谎言的、令人失望的成年人世界。狄更斯让小奈尔永远地留在她的童年乐园里，让她早早地闭上温柔的蓝色眼睛，让她在浑然不觉的情况下从童年时代的明朗过渡到死亡的阴暗中。他十分钟爱小奈尔，所以不忍心让她进入粗鄙的现实世界。

我已经说过，狄更斯笔下的世界是一个属于市民的简朴世界，是对激情和追求已感到餍足的英国，是无数种人生可能性中一条无比狭窄的切片。这个世界是如此贫穷，唯有宏大的感情才能使它变得富有充盈起来。相较而言，巴尔扎克是通过他笔下的仇恨，陀思妥耶夫斯基是通过他救世主般的爱和热情使市民阶层变得强劲有力的。而艺术家狄更斯也做到了，他也把这些人从沉重的尘世负担中解脱出来：他的方式是通过他的幽默。

狄更斯并不认为他笔下的小市民世界具有某种必要的客观性，他不会跟着那些善良的人们高唱歌颂那种仿佛能使众人幸福的、冷静有力的颂歌，而是充满善意、诙谐幽默地、好脾气地向他笔下的人们眨着眼睛，他像戈特弗里特·凯勒①和维廉·拉贝②一样，把这些怀着"小人国"式担忧的渺小人物弄得稍微憨态可掬一些，不过也仅仅是在亲切友好的意义上显得可笑憨厚而

---

① 戈特弗里特·凯勒（1819—1890），瑞士杰出的作家、现实主义诗人、民主主义者。他的作品继承了德国古典现实主义传统，具有浓厚的抒情和生活气息。民主的信念、进步的教育思想和他作品乐观主义的幽默风趣特色，也反映了瑞士人民的民族性格。

② 维廉·拉贝（1831—1910），德国小说家。作品有《魂系月山》等。

已。所以，尽管他们做出种种荒诞不经的傻事，做出种种让人捧腹不已的闹剧，我们还是会更喜欢他们。幽默犹如一道温暖和煦的阳光映照在这位艺术家的作品里，把平平淡淡的风景变得无限可爱、舒适宜人，充满令人感到心旷神怡的成百上千种奇迹；这种使人温暖的火焰让一切变得更加生机勃勃、真实可信，即便是虚假的泪水，也像钻石一般闪闪发光，小小的激情也迸发出了真正的熊熊烈火。

狄更斯的幽默把他的作品提升到超越自己时代之上，进入所有的时代。他的幽默像横空出世的天王星渗入他作品的空气中，像一首神秘的音乐充盈他作品的氛围中，把他的作品拽入一阵回旋的狂舞和一种生活的巨大欢乐中。

狄更斯的幽默无处不在。即便是在矿井下充满龌龊的黑暗中，他的幽默也像一盏矿灯似的发出温暖人心的光芒，它能解除人们过于紧张焦急的心情，用略带嘲讽的弦外之音化解过于强烈的伤感，用荒诞不经的轻松化解过于夸大的事情。幽默在狄更斯的作品中是和谐的、永不会消逝的。幽默是狄更斯作品中的一切——当然，是英国式的，是货真价实的英国式幽默。这种幽默从不会因自己的情绪波动而喝得酩酊大醉，放浪形骸，它缺少欲望，从来不会轻易放纵自己，忘乎所以。狄更斯的幽默是这样的一种幽默：它在最为奔放的时候也是颇有节制的，不会发出尖声怪叫，它不像拉伯雷似的，饭饱神虚时打着事不关己的饱嗝；也不像塞万提斯那样，欣喜若狂时猛然来个后空翻；或是像过于激动的美国人似的，蹦得很高或是干出一些出格的事情。狄更斯总是那副样子，总是一脸冷漠、腰板笔直地坐在那里。狄更斯微笑起来和所有英国人一样，只用嘴笑，不会浑身都笑。他高兴愉悦时也不会燃起自我的熊熊火焰，他只是发出一些火星，把那些光芒送进人们的血管里去，化作千万道细小微弱的火焰和光芒，它们化为鬼火和幽光到处逗引着人们。如果是在现实世界中，它们就是一些讨人喜欢的淘气小孩。

因为狄更斯个人的命运，他的幽默总是表现出一种中庸之道，或者是一种介于感情的酩酊醉意、狂野肆虐的脾气和冷眼旁观的嘲讽之间的平衡。狄更斯的幽默不能和其他伟大的英国人的幽默相提并论。他的幽默毫无斯泰恩①那种具有粉碎性和侵蚀性的讥讽成分，也毫无菲尔丁那种大步流星、乡间贵族式的兴高采烈和诙谐风趣，也不像萨克雷的幽默似的烧得人痛彻骨髓，它是使人舒服温和的，从不令人感到痛苦难忍，它温柔地像太阳的光线一样在人们的头上、手上，跃动嬉戏。狄更斯的幽默不愿摆出一副道貌岸然的伪君子的样子，不愿以一种高高在上的位置对世俗世界冷嘲热讽，也不愿在小丑的帽檐下闪现出一种故作肃穆的庄严神情。这种幽默是无所求的，它也不愿有所求，它就是它自己，自成一派，它的存在毫无威胁性和目的性，是如此自然。

这种爱开玩笑的幽默藏在狄更斯那双奇特的犀利之眼里，他的犀利之眼会对经过它的人物形象加以修饰和夸大，赋予他们滑稽的比例和引人发笑的种种姿态，就这样使几百万读者为之心醉神驰。所有人都争先恐后地踏入这个光圈中来，像从内心向外发出的光，即便是骗子和十恶不赦之徒，也都会在这里拥有属于他们各自的幽默光环。在狄更斯的世界里，只要他看他们一眼，他们就都不知为什么忍不住想要露出微笑。每个人都如此光彩夺目，目眩神迷，飞舞旋转，就像要在一个永远不渴望太阳的雾气弥漫之国生活似的。

---

① 劳伦斯·斯泰恩（1713—1768），英国18世纪感伤主义小说代表作家。

这种幽默的语言就像会连续翻筋斗一样神奇，句子们搅和在一起又纷纷纵身躲避，和思想玩着耐人寻味的捉迷藏游戏，它们互相提问，互相逗乐，互相误导，互相取笑，一种不知从何而来的诙谐劲儿鼓动着它们纷纷婆娑起舞。这种幽默是如此的坚定沉着，丝毫不为任何人所撼动。它不需要添加任何一分色情的调料就可以有滋有味，当然，英国式厨房也会拒绝为他提供这种调料。狄更斯从来不会因为身后的印刷作坊的催促而手足无措，因为即使是在发烧、身处患难中或是在愤怒懊恼之时，狄更斯也不会用别的方式发泄，而只是一如既往欢快地写作。这种幽默是不可抑制和抵御的，并且牢牢地存在于狄更斯一双犀利之眼中，除非这双眼睛的光芒熄灭，狄更斯天才的幽默才可能归于虚无。总之，人世间没有任何东西能影响和撼动他的幽默半分，连时间也不行。

我简直无法设想还有不喜欢类似《炉边蟋蟀》这种中篇小说的人，无法设想有人在读到这些书里的故事时能抵抗得了愉悦欢快的情绪。虽然人类心灵的需求也许会和文学的需求一样，不停转变，但是只要是人类，就会渴望愉悦欢快的情绪，在那些令人舒畅的惬意瞬间，来自生活的强制性意志得以退下休憩，来自生活的感情在人心里搅起它轻柔的波浪，人们别无他求，只希望自己的心灵能享受到某种旋律优美的无害波动。这时人们就会抓起这些书籍，无论是在英国还是世界上的任何地方，它们都是旷世之作，独一无二，举世无双。

这也是这种世俗的，或者说是过于世俗的作品的不朽之处：它自带光芒，它放射着来自温暖和煦的阳光，能够温暖抚慰人心。对于伟大的艺术品，不应只看它们的强度，不应只问创造作品的人的名字，而要看它们的广度、它们对人群的影响。当我们谈论狄更斯时可以这样说：他为我们带来了俗世的欢乐，而这一点，我们所在这个世纪的任何其他作家都比不上他。在阅读他的著作时，几百万双眼睛里都闪着泪光；对于好几千个失去欢笑或者不再能欢笑的人，狄更斯重新把欢笑的种子播撒到了他们胸中。

狄更斯对我们的影响力远超出文学的范围，有线人读到采瑞博①兄弟时也会静下心来反思自己，因而创办了基金会；心肠冷酷的人看到这样的作品也会受到感动；《奥利维·屈里斯特》这种小说得以出版后，大街上玩耍的穷孩子们——对此我很笃定——会得到来自更多人的施舍；政府也会为改善穷人的住房而努力，还会检查私人学校的教学情况。

通过狄更斯的作品，同情心和善良之心在英国大加流行，许许多多的穷人和不幸者的命运都得到一些改善。我知道这些不同寻常的影响和一件艺术品的审美价值无关，但这些影响是至关紧要的，因为它们表示着：一部真正伟大的作品不仅要让每个独创性的意志在令人陶醉的幻想世界里自由翱翔，还要引发一些现实世界的变化，在人们都能看得见的地方引发一些本质的变化，再引发感情、感觉上的温度变化。

狄更斯和那些为私人谋取同情和赞许的诗人不同，他为他所在的那个时代增加了欢欣和快乐，促进了时代的血液循环。打从这位年轻的国会速记员为描写各式各样的人和命运而开始走上创作之路起，英格兰的世界就变得更加明亮了。狄更斯为他所在时代的人们带回了欢乐，也为以后的世世代代拯救了一个"快乐的老英格兰"，这是一种介于拿破仑的征战和帝国主义之间的英国式的快乐。

多年后的人们还会回顾狄更斯描写的这个已经显得陈旧古老的世界，连同其中罕见的或业已消失的各种职业，当然在工业化

---

① 《尼古拉斯·尼克贝》中的人物，他们兄弟赏识尼古拉斯并给了他一份收入不菲的工作。

的容器研磨中，这些职业早已粉碎殆尽。也许我们还会怀念他笔下那种毫无猜疑的欢乐人生，那种充满着简单幽静的欢乐人生。

狄更斯以他充满诗意的笔触创造了属于英国的田园诗歌，这是他作品的不朽之处。今天的我们千万不要因为面对更加强劲有力的东西而忽略了或者不尊敬这种静悄悄的、小小不言的、心满意足的场景：永生不死的田园诗歌也是一种返璞归真。

像《乔治之歌》或《古代牧歌》① 这种逃亡者的诗歌经历了渴求的战栗，此时休憩之人的诗歌在这里重新唱响，就像每当时代转变之际，这样的歌声总要被重新唱响一样。这诗歌重新被唱响后又再次消逝，就像几次激动勃发之间的短暂休息，就像人们在发力前后重新赢得了力气，就像怦怦直跳的心脏在毫不停顿地搏动中感到心满意足的一秒钟放松。有的人创造暴力，有的人创造安宁。

查尔斯·狄更斯，他把世界的每一个寂静瞬间写成了诗歌。今天，我们的生活变得更加喧哗躁动，机器轰鸣，时间挟裹着更迅猛的变化向前疾驰而去。但狄更斯的田园诗是不朽的，因为它们描写的正是来自生活的乐趣，让人们得到永恒的欢快和舒适；它像暴风雨过去后重又返回的蔚蓝色的天空，人生中那些永恒的欢快在心灵经历了一切危机和震撼后再度归来了。在被各种激情的悲剧和紧张的情绪折腾得疲惫不堪之后，人们需要真正的欢乐，人们正希望从轻柔温和的事物中听见充满诗意的、幽灵般的唤醒与抚慰的音乐，狄更斯这位艺术家的田园诗歌也因此一再从被人遗忘的境地返回人间。

---

① 《乔治之歌》和《古代牧歌》都是源于 12、13 世纪的英国古代叙事诗歌。最早是仿照罗马诗人维吉尔等古代牧歌写成的田园诗作，它们情节简单，富于戏剧性，以自身古朴率真的特色流传于世。

陀思妥耶夫斯基

（一）百家齐鸣

你无法终结，

这使你伟大。

——歌德

想以恰当的方式谈论费奥多尔·米哈伊洛维奇·陀思妥耶夫斯基和他对我们内心世界的意义，是一件十分困难且责任重大的事情，因为丈量这样一个前无古人后无来者之人的宏伟和力量需要采用全新的标尺。

初接近时你会以为自己已经找到了一个完整的作品、一位诗人，结果后来发现的是无边无际的东西，它像一个宇宙，组成它的是有自己特定旋转方式的星辰和来自各种多变天体的其他音乐。穿越这个世界的想法将变得毫无意义，没有人轻易会有勇气永不间断地穿透它：因为它具有这样一种魔力——对初次相识者它是过于陌生的，它的思想化为延伸到很远处的烟雾，它伸得那么远，以至于伸到了无边无际的地方；它的信息也是过于陌生到，以至于初相识者的灵魂突然抬头时望不进这片全新却又亲切的天空。倘若初相识者学不会从内心深处的体验出发来感受这个宇宙，陀思妥耶夫斯基对他来说就什么都不是。

只有置身于最底层，来到这个宇宙最根部的起始地，我们才有可能和陀思妥耶夫斯基建立一种亲密的联系，因为这是一片属于俄罗斯的景色，这是他故乡一望无际的大草原，完全无路相通，是全新的一个和我们自己的世界毫不相同的世界！在那里，没有宜人的、使人感到赏心悦目的东西，也很少有温柔的、让你想稍作停留歇息的舒适片刻。在这里，神秘莫测的朦胧情感中似乎孕育着电闪雷鸣，它们换来的是寒冷的、冰封的、清澈明晰的精神；高高在上照耀四方的不是空中那温暖和煦的太阳，而是一片神秘莫测的、血红的极光。

跟随陀思妥耶夫斯基创造的天体，我们进入这片遥远古老的世界中，这个世界神秘莫测，还是一片未被涉足的处女地。走进这里，向你迎面扑来的是一种甜蜜的恐惧，像逼近永恒的元素。走了不久，发自内心的赞美之情会虔诚地渴求我们停留下来；但同时又有一种预感在警告和提示着我们深受感动的心：这里不能成为永久之乡，我们必须重回更加温暖、更加和善，同时也更加狭窄的来时世界。

人们走在这里常常有种羞怯之感，这片青铜般的古老景色对于平凡的目光显得过于强硬，这里时而像冰一样寒冷、时而像火一样热烈的混杂空气对颤抖的呼吸而言有些过于压抑。在这极为可悲、无比世俗的景色之上，如果没有笼罩着闪耀的星光和无边无际的、好意善良的天空的话，那这里也将是我们世界的天空，可是这里的苍穹却显得更加高耸、直达无垠，那么我们平凡的灵魂遇见如此庄严的恐怖景色只能遁逃。这严苛的精神冰层的天空比在我们温和地带的显得更加高耸，站在这片景色上时，除非十分友好地仰视它的天空，我们才会从这种尘世的无穷悲哀中感到一丝安慰，在恐惧中预感到宏伟，在黑暗中预感到救世主。

只有上述这种对陀思妥耶夫斯基的终极意义的仰视，才有可能把我们对他作品产生的敬畏之情转化为热烈的爱慕之心，只有对他本人和作品的特点有着最深刻的了解，我们才可能明白这个俄国人心中深刻的博爱和普遍的人性。然而深入到这个强劲有力之人内心深处的路途是那么遥远，走进他的世界仿佛像步入迷宫之中，另外由于这种独一无二的作品是广阔而充满力量、遥远而令人恐怖的，也使这件事比我们试图从他作品无限的辽阔进入无限的深邃更加神秘莫测。因为时时、步步、处处都布满秘密，他作品中的每一个人物背后仿佛都有一条竖井，直通人世间妖魔般的深渊中。他作品的每道墙壁背后、他人物的每张面孔后面都有永恒的黑夜，散发着永恒的光芒：因为陀思妥耶夫斯基的世界是通过确定的人生和命运组成的，把生存的一切神秘都毫无保留地紧密结合在一起。

陀思妥耶夫斯基的世界存在于死亡和疯狂、梦幻和极其清楚的现实之间。无论在何时何地，他的关乎个人的问题都和一个人类无法解决的问题相关联，每个被曝光的个别平面都能折射出无数问题。作为人，一个诗人，一个俄国人、政治家、先知，陀思妥耶夫斯基身上处处闪耀着永恒的意义。没有能通向终结他的道路，没有能一直深入到他内心最底层的问题，除非热情洋溢才可以接近他，即便热情洋溢，也只能谦卑地接近他，因为与他对探究人之奥秘所表现出的充满爱意的敬畏之情相比，这种热情洋溢还是会显得有些自愧不如。

陀思妥耶夫斯基从来没有亲自动手帮助我们、带领我们去接近他。而我们时代创造宏伟的其他建筑师基本上对我们展示过他们自己的意志：瓦格纳①在他的著作旁边附上纲领性的阐述或是论战的雄辩书。托尔斯泰对每个好奇的人都敞开他日常生活的所有门户，让他们都能走进他的生活，而且对他们提出的每个问题都予以解释。而陀思妥耶夫斯基在奉上他已经完成的作品之外，从来不会暴露个人的企图，他把他写作的目的于创作烈焰的过程中焚烧殆尽。陀思妥耶夫斯基沉寂无言、战战兢兢地度过他的一生，没有留下什么能使他存在过的得到明显证明的、外表和肉体的东西。

他只在年少时候有过朋友，成年后的陀思妥耶夫斯基变得十分孤独，他似乎觉得如果他一旦献身给个别人就会减少他对整个人类的热爱，他的私人书信中也只流露出一些生活的急切的需要，例如身体收到病患折磨的痛苦。尽管会有一些悲叹和呼救，可是又都紧闭双唇。他的整个童年完全笼罩在阴影中，直到今天，我们时代的一部分人依然还能看见他燃烧的深沉目光。从人性而言，陀思妥耶夫斯基已经化作非常遥远的、感官无法感觉的东西，仅仅是一个符号、一位圣贤、一位传说中的英雄。那种真实和预感交织的、笼罩在荷马、但丁和莎士比亚这些崇高人物身上的昏黄光影也使陀思妥耶夫斯基的面孔在我们面前褪去了尘世的色彩。他的命运不是通过文献反映出来的，而仅仅通过人们对他深切的爱组成的。

因此人们只好设法独自行事了，在没有导游的情况下摸索着

---

① 威廉·理查德·瓦格纳（1813—1883），19世纪欧洲最著名的浪漫派作曲家之一，又是一位影响巨大的歌剧改革家，同时因为他在政治、宗教方面思想的复杂性，成为欧洲音乐史上最具争议的人物之一。

进入这颗如同迷宫般的复杂心脏中，把灵魂这根阿里亚德娜之线①从自己充满激情的人生线团中解开。我们只有在接近自己真正的人性本质时才能接近他。若对自己知之甚多，那么就能对他知之甚多。陀思妥耶夫斯基比任何人都更适合充当一切人性的最终标尺。

进入陀思妥耶夫斯基作品的通道需要经过激情和恶行的一切炼狱过程，需要经过尘世间一切的痛苦阶段——人之痛苦，人类之痛苦，艺术家之痛苦，以及最后的、最残忍的上帝折磨之痛苦。这条道路如此阴暗，我们必须在内心燃起具有强有力的激情和追求真理的强劲意志才不至于误入歧途。在大胆地进入陀思妥耶夫斯基的深渊之前，我们首先必须闯过自己的深渊。陀思妥耶夫斯基从不派出带领我们进入他的宇宙的信使，只是靠着个人的经历把我们引到他身边。除了艺术家本人在肉体和精神上神秘的三位一体：他的面孔、命运和作品之外，别无其他见证者。

---

① 指阿里亚德娜的线球故事。根据希腊神话，阿里亚德娜给误入迷宫的恋人提修斯一根细线，提修斯在杀死凶猛的半人半牛怪物后，借由那条线才得以从迷宫深处逃脱。

（二）面孔

乍一看他的面孔，似乎是一张农民的脸：呈泥土色的面颊深深凹陷，简直可以说是有些肮脏。多年的苦难折磨得他面颊上全是皱褶，龟裂的皮肤像被野火烧过的久旱的旷野，渴望甘霖滋润，长达二十年的顽疾犹如吸血鬼一样吸干了他脸上的血色。两根斯拉夫人的颧骨在左右脸颊上犹如两块巨石凸显出来，乱蓬蓬的胡须犹如枝叶交错的灌木丛，遮住线条生硬的嘴巴和被风化的岩石般的下巴。泥土、岩石、丛林，这片凄惨原始的景色便是陀思妥耶夫斯基面庞的下半部组成了。

在这张农民的几乎是乞丐般的脸上，呈现出的一切都是阴暗的、世俗的，毫无美丽之处。它们仿佛进裂开来的山石，平坦无余，毫无色彩和光泽，在一片俄罗斯草原上渐渐遁入黑暗。两只深深下陷的眼睛很难穿过这片山石的缝隙，照亮下方那块朽坏不堪的干涸土地，因为那双眼睛里的火焰笔直地射到外面时并不明亮，也不令人感到目眩神迷，火一样尖锐的目光一直向内射去，延烧到血液之中，再被消耗殆尽。当这双眼睛闭上时，仿佛有死神立即扑到他的脸上，平常支撑着朽坏轮廓的所有组成部分都化作神经质的高压，沉没在了无生气的昏昏欲睡之中。

陀思妥耶夫斯基这张脸和他的作品一样，首先唤醒的是杂乱无章的感情引发的恐惧，紧接着迟疑不决地出现畏缩，然后是迸发的激情，最后再呈现出逐渐高涨的入迷和欣赏。因为只有尘世的坠落——面颊的、肉体的坠落才能令他昏沉沉地处于阴郁崇高的自然之悲哀中。在这张狭窄的、农民似的脸庞上，陀思妥耶夫斯基挺拔宽阔的额头高高隆起，像有一座拱形顶门，白光四射地映照着这里：精神的大教堂从阴影和黑暗之中冉冉升起，经历千百重磨炼后闪闪发光，坚硬的大理石叠在他柔软泥土般的皮肉和杂乱的丛莽般的发丝上。

这张脸上，所有的光线都呈现出向上涌动的姿态，观看陀思妥耶夫斯基的肖像，总是感觉到一种宽阔爽朗、气宇轩昂。他的额头很有一种王者气度，当这张日渐苍老的农民的脸在疾病折磨中显得越来越愁苦、越来越死气沉沉时，反而似乎更凸显出这个具有王者气度的额头的光芒四射，似乎都向外扩展了。

这个额头犹如天宇之端，不可动摇地高悬在陀思妥耶夫斯基憔悴、病弱、残疾的肉体之上，犹如圣灵的光圈笼罩在尘世间的悲哀之上。所有神圣的、在任何画像外壳上散发出的胜利的精神之光，也不如映照在病床上的光辉那样灿烂辉煌。当松软无力的眼皮疲弱地覆在黯淡无光的眼睛上，灰白色的双手已经失去光泽，残破的病躯却依然坚强，他贪婪地紧握住十字架（一个农妇曾送给这个被流放的囚徒一只寒碜的十字架）。

就像清晨的阳光撒向与黑夜隔绝的大地，王者的额头映照着灵魂业已脱壳的面颊，用它独有的光辉宣示着司样的信息，像他的所有著作那样：精神和信仰已把他从肉体沉闷痛苦的生活中解救出来。最底层的地方永远是陀思妥耶夫斯基最后的宏伟之处，他死后说的话比他的脸庞传递给人们更多的力量。

（三）他的人生悲剧

他从未想过付出了多少鲜血。

——但丁

当我们读陀思妥耶夫斯基时，第一个印象往往是恐惧，第二个印象才是宏伟。粗看他的命运，一开始也是如此残酷和低贱，跟他不堪的容貌一样，乍一看像个农民般平凡。

看到这样的脸时，首先你会感到这个人经历的生活只是一种无谓的折磨，因为在整整六十年的时间里，一切使人痛苦的工具都在折磨这个病弱的躯体。艰难困苦的磨刀磨去了他青年和老年时期的所有甜蜜和幸福，令身体痛苦的锯齿吱嘎作响地腐蚀他的全身肢体，物质匮乏的螺丝无情地钉进他生命的神经，令神经发烫的钢丝在他肢体之中牵扯颤抖。令人感到极乐的精致的尖刺不知餍足地激起他的感情。什么痛苦都经历了，什么折磨都不曾忘了他。他的命运是一种无谓的残忍、一种暴怒的肆虐敌意。

回顾他这一生，我们只能理解命运之所以如此顽强地把他千锤百炼，是想让他凿出不朽的东西，命运是如此强大有力，为了能够适应于一个强劲有力的人。因为命运不会从容不迫地把任何东西分配给一个毫无节制的人，他的人生道路在任何地方都和19世纪一切其他诗人的铺上街石、宽阔平坦的人行便道不同。我们总会感到，有个阴沉的命运之神，有兴趣在这里，在这个最坚强的人身上好好地尝试一下自己的能耐。

陀思妥耶夫斯基的命运有点像《旧约全书》里的人物那样富有英雄气概，在任何方面都不符合新时代，不符合市民阶层。他永远像雅各似的和天使战斗，永远要奋起反抗上帝的意志，永远不会像约伯那样屈服于魔鬼。命运不让他心里感到踏实，不让他有一丝怠惰，他总能感觉到一个惩罚他的上帝的存在，因为他是如此地热爱上帝。上帝的存在让他在幸福的时候一分钟也不肯休憩，督促他一直走向永无乡。

有时候主宰他命运的魔鬼似乎良心发现，允许他像普通人一样走所有人的平凡之路，但此时那只强劲有力的上帝之手就会突然伸出来把他推到荆棘丛生的境地之中，推到熊熊燃烧着的灌木丛中。如果命运把他抛得很高，那只是为了让他跌到更深的深渊中，以使他完整地领会极乐和绝望的全部尺度。

命运不时地把他举高到有希望的地方，其他人在那里狂欢极乐到浑身酥软；而又不停地把他投向痛苦的泥沼，普通人在那里会因为痛苦无法忍受而粉身碎骨。正像约伯的命运那样，上帝总是在他觉得非常安全、一切有了新的指望时让他家破人亡，妻离子散，身患重病，遭人蔑视，以种种遭遇让他反抗，和上帝争论不休，让他通过不停的抗争和希望来得到更多属于他应得的东西。打个比方，这些不冷不热的、其他人经历过的时间仿佛全都用来成就这某一个人，以便显示出这样的结果：在我们生活的即便是如此美好的世界中，也还是可能发生极大程度的欢乐和痛苦，而陀思妥耶夫斯基似乎对此很迟钝，他丝毫感觉不到重压附着在他身上的那个强有力的意志。所以他从来也不会起来反抗他的命运，从来也不会高举拳头对降临到自己身上的一切表示不满。

他那满是伤痕的正在痉挛的身体抽搐着、挣扎着爬起来。他的书信里有时也会爆发出一两声饱含炽热情感的呐喊，犹如生命的淋漓鲜血喷涌而出，但某种精神和信念硬生生地横插一杠子，把这小小的叛乱强压下去了。陀思妥耶夫斯基心底有一个知晓一切的神秘人，能感觉到这只无形之手的神圣和伟力，也能感觉到他自己命运中这种悲剧具有的意义。他感到自己的苦难中能滋生出一种对它的爱，他把这种通晓一切的痛苦火焰烧遍了他所属的时代和他所在这个世界的每个角落。

命运给了陀思妥耶夫斯基三次扶摇直上的机会，又三次把他拽落在地。人生很早就让他品尝到荣誉的甜美之味，一部短篇小说处女作使他在 24 岁时一举成名，别林斯基①称他为"俄罗斯文学的天才"，但无情的利爪很快就把他抓住，然后又把他扔回到地上：他被投进监狱，发配到流放地，押送到遥远的西伯利亚。

然后他又冒了出来，变得更加坚强勇敢：他的《死屋手记》②使整个俄国都为之疯狂传颂。沙皇本人为此书泪湿双目，俄国青年对他充满热望。他还创办了一份杂志，把他的声音传向四方民众。他的第一部长篇小说《被侮辱与被损害的》得以面世，文学上有所进展。然而此时却风向突变，他的生活连遭打击，物质上

---

① 维萨里昂·格里戈里耶维奇·别林斯基（1811—1848），俄国革命民主主义者、哲学家、文学评论家。

② 陀思妥耶夫斯基在俄国农奴制改革时期发表的一部最重要、最有影响的作品，以冷静、客观的笔调记述了他在苦役期间的见闻。

陷入了债台高筑、濒临破产的境地，为了躲避债主他被迫离开家园故土，难以摆脱的疾病不断噬咬侵袭着他的肉体。他像一个到处漂泊无依无靠的牧民游荡在欧洲各地，他的民族也遗忘了这位曾经的天才。他希望通过赌博还清债务，却欠下了更多债务，整个人陷入消沉，忧心忡忡。经过几年埋首写作和匮乏潦倒的生活，他第三次从苦难的灰色江河中浮出水面：他写的一篇纪念普希金的文章证明了他是这个国家第一诗人的地位，筑牢了他是这个国家先知的地位。这次成功使得他的荣誉无法再被轻易抹去，可是当此之时，钢铁之手又把他击倒在地[1]，为他作品陶醉的热情洋溢的人民大众只能无奈地面对他的灵柩。命运已经不再需要他了，残忍无情的、狡黠聪明的意志已达到它的所有目的，从他艰难的生存中摘取了胜利的精神成果，于是命运漫不经心地把他躯体的空壳随便扔在了什么地方。

通过最后这一颇具意义的残忍行为，陀思妥耶夫斯基的生活成为一种艺术品，关于他的一切传说都变成了完全彻底的悲剧。他的艺术作品也便颇具奇妙的象征意义，具有与自身命运相关联的某种典型形式。他生命的开始便是这种象征之一：费奥多尔·米哈伊洛维奇·陀思妥耶夫斯基是在贫民收容所里出生的，从这个生命来到世上的第一个小时起，生活的地点便已经指定在一个偏僻的地方，在受人轻视的地方，接近底层的生活，同时又与苦难、痛苦和死亡为邻。直到生命的最后一天（他在一个工人区五层楼的一间狭小寓所里去世）。他的人生从未挣脱过这样卑下底层的环境，他一生中经历的五十六年岁月都如此沉重，一直待在

---

① 1881年陀思妥耶夫斯基正准备写作《卡拉马佐夫兄弟》第二部。2月9日他的笔筒掉到了地上，滚到柜子底下，他在搬柜子的过程中用力过大，导致血管破裂，当天去世。

充满苦难、穷困、疾病和匮乏的人生的收容所里。

说起出身，陀思妥耶夫斯基的父亲和席勒的父亲一样是位军医，也算得上是贵族出身，母亲是位农民的后裔。来自俄罗斯民族的两股源泉在他的生命中汇合，生出这样一个人：他笃信宗教教育，也很早品尝到极度狂欢。在首都莫斯科的穷人收容所里，他和哥哥合住在一间狭小的木板房里，度过了他人生中最初的几年。之所以说是"最初几年"而不敢说是他的"童年"，是因为"童年"这个概念从未在他生命中出现过，或者曾经出现但不知在他生活的什么地方消失得无声无息，无影无踪。

陀思妥耶夫斯基从来不曾在作品中谈过他的童年，他这种贯穿始终的沉默是一种羞怯或高傲的恐惧，因为他害怕别人的同情。他的传记里始终有一处灰色的空白痕迹，在一般诗人笔下，通常这个部分会有色彩绚烂、明艳照人的图景，温柔的回忆和甜蜜的遗憾快乐地在此部分升起。只需稍加深入地留意陀思妥耶夫斯基创作的孩子形象，人们就能从孩子脸上火样燃烧的眼睛认出他来。想必小小的陀思妥耶夫斯基和科利亚[1]一样，早熟又充满幻想，直到产生幻觉，充满那种熊熊燃烧但又尚不确定燃烧方向的烈焰。他想变成一个什么了不起的人物，满怀着强有力的、孩子气的狂热，要超越自己的极限"为人类受苦受难"。还有那个小男孩聂托夏·纳斯瓦诺瓦[2]，想必心里充满了爱情，同时又歇斯底里地害怕暴露爱情。还有那个伊柳奇卡[3]，那个酗酒烂醉的上尉的儿子，因为家庭穷困、缺衣少食而感到羞耻，但时刻准备

---

① 科利亚是陀思妥耶夫斯基的小说《白痴》中伊沃尔金将军的幼子，是俄国新一代的代表，被赋予无限的疗伤力量，是具有最纯净的孩童气质的形象。

② 陀思妥耶夫斯基的同名未完成小说《聂托夏·纳斯瓦诺瓦》的主人公。

③ 《卡拉马佐夫兄弟》中对步兵上尉斯涅吉廖夫的儿子伊柳沙的爱称。

着在外人面前保护自己的亲人。

当陀思妥耶夫斯基长大成一个小伙子走出这个阴霾密布的世界时，童年时代早已过去。他只能藏身于书籍中那个花花绿绿、险象环生的世界。这是所有的未曾餍足者永恒的收容地、一切被人忽视的最后的避难所。他当时和哥哥一起阅读了不计其数的书籍，他们日复一日地读、通宵达旦地读——甚至到了痴迷的程度——而且书中的奇妙世界使他轻易做到了更加远离无情悲催的现实世界。虽然他心里怀着对人类最强有力的热情，自己却是怯于见人的，他的性格羞怯内向到病态的程度，化身为一个"极端孤独的狂热分子"，同时集寒冰与烈火于一身。

他的激情漫无头绪，他跌跌撞撞，到处摸索，在这些所谓的"地窖岁月"里，他摸索过一切恣意放纵的阴暗路径，在它们上面踽踽独行，对一切欢乐表示厌恶，对每种幸福都怀有负罪感。他总是表现出一副牙关紧咬、抿紧嘴唇的样子。因为缺钱——实际上就只差几个卢布，他去参军了，可是在军队他也没有朋友，过着沉郁暗淡的生活。像他所有作品的主人公一样，他让自己遁进一个角落里，过着穴居人般避世隐遁的史前生活，一边梦想一边思索，从事着一切思想和感官的秘密罪孽行为。

这个时期他的雄心壮志尚未找到明确的方向。他在阅读中倾听着自己的内心，暗自储蓄力量。他感到在内心深处某种正在酝酿的力量在发酵和膨胀，为此不由心生喜悦，同时也不免暗自恐惧，他对自己内心深处的力量又爱又怕，不敢轻易行动，唯恐破坏和影响阴沉的力量成长的过程。他在这种无声无形的黑色木偶的状况中潜伏等待了几年，还患上了疑心病，这是一种神秘的惊惧，总是怕自己突然死去，对外部世界常怀有深深的恐惧，对自己也怀有深深的恐惧，对自己胸中乱麻般的混乱状态更是惊恐万状，不能自已。

每当入夜时分他会进行翻译的工作，以便改善糟糕的经济情况（他花钱如流水，用于某些与贫苦生活完全相反的爱好），这些收入用来救济别人或者纵情放荡——这也是个够典型的人——既是巴尔扎克的欧也妮·葛朗台，也是席勒的唐·卡洛斯①。这些日子的混沌迷雾渐渐让陀思妥耶夫斯基形成了自己的创作形式，在这充满惊恐和狂喜的迷蒙雾气、重重幻梦中，他第一部文学作品、小型长篇小说《穷人》终于走向了成熟。

1844 年，陀思妥耶夫斯基 24 岁。他是"怀着激情的炽焰，几乎是流着眼泪"地撰写出了《穷人》这部出类拔萃的人物习作，是他亲身经历的、深切的屈辱和贫穷催生了这部作品。他对苦难的爱和无限的同情、至高的激情使这部作品异彩纷呈。他心存怀疑地审视着写完的稿纸，预感到这部作品是对命运提出了一个问题，看命运如何对他做出裁决。

他好不容易下定决心把这份手稿交给了诗人涅克拉索夫②，请他审阅。两天过去，音信全无。一天夜里，陀思妥耶夫斯基孤独寂寥地坐在家里冥思苦想，准备动笔写作，枯坐到油灯冒出黑烟。凌晨四点突然有人猛按门铃，陀思妥耶夫斯基惊讶地打开房门，涅克拉索夫直扑到他的怀里，欢呼祝贺着连连吻他。

涅克拉索夫是和一位朋友一起读这篇文章的。整个夜晚，两个人又是诵读倾听又是欢呼祝贺，又抱头哭泣，最后两个人再也

---

① 席勒剧作中承前启后的重要作品《唐·卡洛斯》中的主人公，西班牙国王菲利普二世之子，王储。

② 尼古拉·阿列克塞耶维奇·涅克拉索夫（1821—1878），俄国诗人，他的诗歌紧密结合俄国的解放运动，充满爱国精神和公民责任感，被称为"人民诗人"，对俄国诗歌产生了重大影响。

支撑不住地决定：必须亲自拥抱这篇文章的作者。这是陀思妥耶夫斯基人生正式登场的第一秒钟。这天夜里的门铃声把寂寂无闻的他唤醒，催促他起来迎接荣誉。直到天亮，来自诗人圈的新朋友们一直用热烈的言语交换着他们从作品中汲取的幸福和狂喜的感觉。

接着，涅克拉索夫赶去看别林斯基——当时在俄罗斯权力无限的评论家。涅克拉索夫还没进门就大声嚷嚷，像挥动旗子似的挥动着手里的稿子："一个新的果戈理诞生了！"别林斯基对此深表怀疑，嘀咕了一句："你们圈里诞生果戈理就像长蘑菇似的一茬一茬。"看到如此热情洋溢到失态的拜访者，别林斯基很是恼火。但是等第二天陀思妥耶夫斯基来拜访别林斯基时，这位权力无限的评论家的态度已和昨天迎接涅克拉索夫时判若两人。他十分激动地冲这个一脸迷惘的年轻人嚷嚷道："天啊！您难道自己还不理解您创造了什么吗？"听到此话的陀思妥耶夫斯基内心感到一阵恐惧，因为面对突如其来的新荣誉，生性羞怯的他只感到一阵阵甜蜜的颤抖。

这种梦幻般的甜蜜战栗一直持续到他梦游似的走下楼梯，在马路拐角处，他停住了跟跄的脚步。他还不敢相信，他第一次有种感觉，感到所有这一切促使他的心振奋起来的、阴暗的、危机四伏的东西，是那么强劲有力，也许是拜他童年时代天马行空、杂乱无章地幻想的丰功伟绩所赐，那就是要永垂不朽，要名留青史，要"为整个世界受苦受难"。在他的胸中，奋发振作和悔恨懊恼、骄傲和谦卑等两极分化的情绪像乱麻一样搅和在一起，乱糟糟地摇摆不停，他不知道该相信哪个声音。于是他干脆像喝醉酒似的摇摇摆摆地跚蹦过街，他激动的泪水里夹杂着幸福和痛苦。

就这样，陀思妥耶夫斯基戏剧性地被发掘为冉冉升起的一位诗人。即使在成名后的诗人圈里，他的生活形式也神秘地模仿着他作品的形式。无论是在现实生活中还是在他的作品里，粗犷的轮廓都自带一种惊悚小说里陈旧浪漫的味道。陀思妥耶夫斯基的生活中常遭遇一些激情戏剧般的开端，虽然往后发展下去它们总会演变成悲剧。他的生活和作品总是悬念迭起，在短短几秒钟内就能做出决定，毫无过渡地，是十秒二十秒的心醉神迷或猝然跌倒决定了他和作品的命运。

一秒钟的极乐与狂喜，与彻底的无力和崩溃不断轮回——也可以把它们称作"人生的癫痫"① 的若干次发作。每一次崛起都以后来的跌落为代价，前一秒钟的恩准赦免是以许多个小时毫无希望的苦役和绝望作为代价的。别林斯基在那一小时加持在陀思妥耶夫斯基头上那道金光闪烁的荣誉金环同时，也加了脚镣的第一环，陀思妥耶夫斯基一辈子都戴着这根无形的脚镣，拖着写作的沉重铁球往前走，踽踽独行，锒铛作响。

他的第一部著作《穷人》也是他作为一名自由人，完全为着创作的乐趣所写的最后一部作品。此后写作对他而言只意味着谋生、还债，从此以后他每写一部作品都是经历一次如此的奴役：第一个字还没写出来，他就已经预支稿酬把作品典当出去了——这个孩子还没生出来就已经被他出卖给这个行业。

第一次成名后的陀思妥耶夫斯基就永远地被拘囚在文学的重犯监狱里，终其一生人们都会听到这个绝望的囚徒发出渴望自由的尖声呼号。但是，除非等到死神来临那一刻才能彻底砸断他脚上的铁链，使他得到解脱。而此时这个初出茅庐的新诗人沉浸在

① 陀思妥耶夫斯基患有癫痫病，九岁时首次发病，之后间或发作，伴其一生。

最初的喜悦中，一时还无法预见到以后的这种痛苦。几部中篇小说迅速脱稿，他便开始酝酿写作一部新的长篇小说。

这时命运伸出了手指对他发出警告，他内心深处如影随形的警觉妖魔不愿让他的日子过得太顺利。他虔诚信奉的上帝为了让他认识到命运的多面性又给了他一个新的考验。和上次一样，门铃又是在夜里响起。陀思妥耶夫斯基又一次满怀惊讶地把门打开，这一次不是来自新生命的声音，不是一个发出连声欢呼祝贺的新朋友到来，也不是带来荣誉的消息，而是死亡的马前卒。军官们和哥萨克们①粗暴地闯入他的房间，惊慌失措的诗人遭到逮捕，手稿遭到查封。他在彼得要塞②的一间牢房里忍饥挨饿，受苦受难，足足四个月，不知道他是因为什么罪名被人家控告——其实是因为他加入了几个情绪激动的朋友的讨论，有人夸张地把这几个人组成的小团体称作"彼特拉谢夫斯基谋叛集团"——这便是他全部的犯罪行为。毫无疑问，他的被捕纯粹是一场误会，尽管如此，判决还是突然而至，陀思妥耶夫斯基被判处最严厉的刑罚——枪决。

他的命运立刻被挟裹进新的一秒钟，这一秒压缩、投射到他生活中最狭窄、最丰富的一秒钟，是似乎有无限之长的一秒钟。这时，生与死凑上嘴唇进行着燃尽自身似的绝望亲吻。在破晓黎明前，他和九名难兄难弟一同被提出监狱，他们身披死囚的衬衫，手脚被捆在木柱上，蒙住双眼。他听见有人在宣读判决书，等待他的是死刑，鼓声大作。他的全部命运被压缩成一秒钟里的

---

①　哥萨克人以英勇善战著称，沙皇通过收买哥萨克上层人物控制他们，哥萨克人组成的骑兵是沙俄的重要武力。

②　圣彼得堡的彼得要塞建于 1703 年，始建初期是堡垒，后来成为监狱，关押过高尔基和陀思妥耶夫斯基。

一丝期待，无限的绝望和生的渴求汇聚在这仅有的一秒钟里。这时一名军官举起手挥动一块白布，宣布赦免令，死刑取消了，他的命运改判为囚禁西伯利亚。

这样，他便从最初时的年轻的荣誉诗人直跌入无名的深渊中。足足四年，一千五百根橡树木桩围住了他放眼所及的地平线。斗转星移，日夜轮回，无数个日子里，他一天又一天地数着木桩上的刻痕和泪痕，记下四个三百六十五天。陪伴他的都是罪犯、小偷和凶手，他的工作是拉石膏、搬砖头、铲积雪。《圣经》是这里唯一被允许阅读的书籍，一条癞皮狗和一只翅膀麻痹的老鹰是他仅有的友人。

四年的日日夜夜，陀思妥耶夫斯基就待在这样一座"死亡堡垒"里，在这孤寂无边的深渊里做一枚影子中的影子，无名无姓，被世人所遗忘。等到人家把脚镣从他磨伤的脚上打开，他身后的木桩被劈裂在地竖起一道褐色的、朽坏的墙壁时，他已和最初的年轻诗人判若两人：他的身体受到了严重损害，他的生活和曾经的名声烟消云散，人生已经尽数被毁灭。但他人生的乐趣并未受损，也不可能受损：备受折磨的身体像正在融化的蜡，其中放射出来的极乐的灼热烟火比以往任何时候都更加明亮。得到一半自由的他此时还得在流放地西伯利亚待上几年，他获得的仅仅是一半的自由，至于作品，那是一个字也不许发表的。

在流放地的极度绝望和孤独中，他和第一任妻子缔结了奇怪的婚姻。这个女人同样疾病缠身，性格特别，她不情不愿地对陀思妥耶夫斯基回报了一种充满同情的爱。在他决定和这个女人结婚这件事上，深藏着一部朦胧的、带有几分自我牺牲性质的悲剧，永远为人好奇、令人敬畏，只在《被侮辱与被损害的》这部小说里有几个暗示，我们从中可以感到这一奇妙的自我牺牲行为中含有某种沉默的英雄主义。

再次被允许返回圣彼得堡时，对于这样一个被世人所遗忘的人，文学界的友人听任他一蹶不振，诗人圈朋友们也早已弃他而去。但他十分勇敢地从那股把他击倒的波浪中挣扎出来，天光重现。《死屋手记》这部描述了永不消逝的囚居生活的作品把俄罗斯民族从共同经历的漫不经心的冷漠状态中惊醒。俄罗斯民族惊恐地发现，安宁世界平坦的浅浅表面下还藏有另一个残忍的世界，这里是集中了一切痛苦的炼狱，而且离他们是如此之近，近得几乎可以感到彼此的呼吸。这部作品把控诉的烈焰一直射向克里姆林宫，沙皇阅读此书时也为之打动抽泣，无数个嘴唇念起陀思妥耶夫斯基这个名字。仅用了短短的一年，他的荣誉重新建立起来，而且他的声名比当年更响亮、更持久。

重新复活的诗人和他的哥哥一起创办了一份杂志，几乎是他一人为刊物撰稿。这位诗人兼任布道者和政治家的身份，堪称"俄罗斯的教师"。人们对这份杂志的反响极为强烈，流传极广，又一部长篇小说在上面完成了。突如其来的幸运又一次降临，阴险地诱惑着他，拼命地向他眨着眼、逗引他，让陀思妥耶夫斯基感到似乎自己永远会好运当头。

但是笼罩他一生的阴郁意志再一次出现，冷冷说道：永远好运还为时过早，因为还有一些尘世的痛苦他还未经历过。流亡的酷刑带给他的只是每天为匮乏可怜的口粮担惊受怕，西伯利亚作为流放地，是俄罗斯最令人害怕的、扭曲地所在。尽管如此，这里还都是祖国、是故乡，陀思妥耶夫斯基与生俱来的、对自己人民的强大无比之爱，使他即使领略过游牧者的暴虐后也依然怀有一心想回到自己帐篷中去的那种渴望。

这次他不得不再回到无名无姓的状态，在他可以成为真正的诗人、变成民族的先行者之前，他还必须更深地沉没到黑暗境地中，所以又一道霹雳向他袭来，这又是毁灭一切的一秒钟：杂志被禁。当然又是一场误会，而对陀思妥耶夫斯基而言，这场误会和降临具有同样致命的杀伤力。

其后紧接着，突然的霹雳一次接一次降临，恐怖直击人生。妻子和哥哥相继去世，哥哥一直是他最好的朋友和支持者。两个家庭的债务像铅块似的沉重地压在他的身上，使他不胜重负，他的脊梁被压弯了，他扛不住了，但还是拼命抵抗，像得了热病似的夜以继日地工作。他拼命写作，亲自编校、审读、印刷，只是为了省钱，为杂志和自己挽回名誉，为两个家庭挽救生计。但无情的命运比他更强悍，终于在一个夜里，他放下笔，躲开债主，像罪犯似的只身遁逃，亡命天涯。

就这样，陀思妥耶夫斯基开始了他在欧洲漫长的流亡生活，长达几年漫无目的的流亡可怕地切断了他和俄国——他生命的血缘——的联系。这比西伯利亚流放地冰冷的木桩更沉重地挤压他的灵魂。想想吧：这位俄罗斯民族最伟大的诗人、一代人中的天才、来自天国的使者，身无分文，无家可归，随波逐流，孤苦无依，真是最最可怕和绝望的事情。

好不容易，陀思妥耶夫斯基在狭小阴暗的低矮房间里找到一处落脚之地，房间里弥漫着贫穷的迷雾，癫痫发作的妖魔用利爪攫住他的神经，债务、义务、各种票据的压力鞭答着他从一项写作任务赶到另一项写作任务，羞耻和困窘驱赶着他从一座城市逃往另一座城市。

这时候若有一丝幸福的亮光照进他的生活，那命运也会立即推出新的乌云把它盖住。一个年轻的姑娘、他的速记员安娜成了他的第二任妻子。她为他生下了第一个孩子，孩子出生几天后就因体力衰弱，在艰苦流亡中夭折了。

如果说西伯利亚是一座炼狱，是陀思妥耶夫斯基苦难发端的前庭，那么法国、德国、意大利的流亡生涯就是他的地狱。我们简直不敢设想他这种悲剧的生活具体是怎么过的，但每当我在德累斯顿穿过大街小巷，走过哪个低矮肮脏的房屋时总会心里一动：陀思妥耶夫斯基是否曾在这里的什么地方住过？和撒克逊小商人及雇佣工人为邻，在这陌生人忙忙碌碌的生活中，他无比孤独、无依无靠地生活在这里的某座五层小楼上。在这几年里，谁也不认识他，弗里德里希·尼采就住在据此不到一小时的瑙姆堡①，他是这里唯一能够理解他的人。理查·瓦格纳、赫贝尔②、福楼拜、高特弗里特·凯勒这些他的同时代人其实都在这里，但他对他们一无所知，他们对他也一无所闻。

他像一头散发着危险气息的巨兽，毛发蓬乱，穿着破烂的衣衫，怯生生地从他工作的洞穴里钻出来，溜到大街上。无论是在德累斯顿、日内瓦还是巴黎，他总是走同一条路：要么是去一家咖啡馆，要么是到一个俱乐部去，只为了阅读俄国的报纸。他要能够感受到俄国的气息，感到故乡的脉搏，离家弃国的他只想看一眼西里尔文的字母，吸一口故乡文字散发出来的淡淡的气息。

有时候，陀思妥耶夫斯基在画廊里坐下并不是出于对艺术的热爱（他永远是个拜占庭的野蛮人、破坏圣像运动者），只是为了暖和一下身子。他对身边的人毫不关心也一无所知，只恨他们不是俄国人。他的心只谛听着来自祖国的消息，他的身体无动于衷地置身于这陌生世界里，形单影只地过着度日如年的生活。在

———————————

① 德国著名古城之一，位于萨克森—安哈特州南部，萨勒河与翁斯特鲁特河的汇流处。

② 弗里德里希·赫贝尔（1813—1863），德国戏剧家。

此期间，没有任何一个德国的、法国的或者意大利的作家明确证实和他有过交往或曾经和他邂逅。但银行里的职员都认得他，他每天顶着一张苍白的脸来到柜台前，声音颤抖地激动地打听是否有汇票从俄国寄来一百卢布，为了这一百卢布，他上千次地向那些卑下的陌生人跪地祈求。银行职员嘲笑这个可怜的傻瓜，嘲笑他无止境的期盼。他也是典当行的老主顾：什么东西他都拿去典当，有一次甚至当掉了自己的最后一条裤子，只为了向彼得堡发一份电报，发出一声令人心神俱颤的高声呼唤。他的信里一直发出这种刺耳的尖叫声。

当读到这位强劲有力者所写的那些低声谄媚、卑躬屈膝的信札时，看到他为乞求得到十个卢布而一连五次直呼救世主的圣名时，我们的心都会跟着抽搐疼痛起来。这是多么可怕的信件啊，让陀思妥耶夫斯基为了可怜的一点小钱就气喘吁吁、连声哀号、拼命发出悲鸣！他通宵达旦地写作，感到临产时阵痛的妻子在一旁不断呻吟，不时发作的癫痫伸出利爪想扼住他的脖子，要他性命；催讨房租的房东太太拿警察威胁他们；索取报酬的接生婆对他破口大骂。与此同时，他不停地写作《拉斯柯尔尼科夫》①《白痴》《群魔》《赌徒》这些 19 世纪丰碑式的作品，塑造出让我们整个心灵世界无所不包的形象。

写作既是他的救星，也是他的痛苦之源，每当开始写作时，他就又生活在俄国、在他的故乡了，寂静中的他身在欧洲，在流放地受罪。因此他更加陷入他的作品之中。他的作品是使他醺然陶醉的魔法汤，是场使他备受折磨的神经都兴奋起来的赌博，使他的神经能达到欢乐的极致。他不时贪婪地计数时日，犹如从前

---

① 《拉斯柯尔尼科夫》即小说《罪与罚》，其主人公为拉斯柯尔尼科夫。

计数西伯利亚因牢的木桩。他可以像乞丐一样地回家，只要能回家就行！俄罗斯，俄罗斯，俄罗斯，这个名字是苦难中的陀思妥耶夫斯基心底永恒的呼唤。但是现在他还不能回去，为了他的伟大作品，他还必须继续充当一个无名无姓的人，跟所有陌生街道上的殉道者、孤寂的罪人一样，没有呼喊，没有怨诉。在他达到壮丽辉煌的永恒荣誉前，他不得不和一堆生活中的蛆虫住在一起。他的身体早已被贫穷和匮乏掏空，疾病的大棒越来越频繁地捶打他的脑子，使他不得不一连数日麻木地躺在床上，感官一片模糊，只有重新获得第一股力气后才能摇摇晃晃地走到他的书桌跟前。

陀思妥耶夫斯基才五十岁，但他仿佛已经历了数千年的痛苦。在最后最紧迫的瞬间，他的命运终于说道：现在对你的折磨够了。上帝又把自己慈爱的脸庞转向了约伯：五十二岁那一年，陀思妥耶夫斯基又回到了俄罗斯。他的著作为他做了广告，屠格涅夫、托尔斯泰在他面前都黯然失色，整个俄罗斯只瞩目于他。《一位作家的日记》使得陀思妥耶夫斯基变成了他民族的宣告者，他竭尽最后的力量、使出最高超的艺术完成了他对民族未来的遗嘱：《卡拉马佐夫兄弟》。

他的命运终于向他揭示了人生的意义，馈赠给这位受考验的人一秒钟最高的幸福，这一秒钟将向他宣告他生命的种子将会长出无数萌芽。终于，陀思妥耶夫斯基的胜利汇集在一个瞬间，犹如从前他的痛苦降临时的一瞬间那样，上帝又送给他一道霹雳，但这次并不是把他击倒的霹雳，而是用燃烧着烈焰的车子把他像先知们那样送到永垂不朽境地的霹雳。为纪念普希金八十诞辰，俄国所有的大作家都应邀致贺词。屠格涅夫这个一辈子夺了陀思妥耶夫斯基荣誉的西方人首先发言，得到的是不温不火、中规中矩的赞赏。第二天轮到陀思妥耶夫斯基讲话，他在仿佛着魔似的醉意中把他的发言化作具有雷霆万钧之力的一阵霹雳，极度兴奋的烈焰使他微弱沙哑的嗓音突然爆发出狂风暴雨，他向俄罗斯人宣告了普遍和解的神圣使命，听众像被镰刀割断的麦子似的齐整整跪倒在他膝下。欢呼声如火药爆炸，整个大厅为之震颤。妇女们争先恐后地疯狂上台吻他的手，一个过于激动的大学生在他面前突然晕倒，尚未发言的演说者纷纷放弃登台讲话。热情洋溢的听众对他的崇拜发展到无边无际的地步，上帝加持的光圈变身为一顶桂冠，在他头上发出焰火般明亮的光辉。

在一个光焰夺目的时刻，他的使命得到实现，他的作品收获了巨大成功。纯粹的胜利果实得救了，跟以往一样，此时命运会扔掉他干瘪的肉体的外壳。1881 年 2 月 10 日，陀思妥耶夫斯基逝世，整个俄国一片哀鸣，这一刻，俄罗斯民族只有无言的悲伤。紧接着人们便像潮水般涌来，极端偏远的城市代表团也一同前来，向陀思妥耶夫斯基表示最后的敬意。在莫斯科这座拥有千家万户的大城市，彼此并未事先约定的人们从各个角落赶来，民众们巨大的热爱如潮水般汹涌而来，如波浪翻滚排山倒海，但为时已晚，太晚了。他们忘记了他一辈子，现在只能瞻仰死者的遗容了。

陀思妥耶夫斯基的灵柩在铁匠大街上陈列着，街上人浪滚滚，黑压压一片。脸色阴郁的人群沉默无声，场景令人心悸，他们像潮水般顺着工人住房的楼梯直往上涌，人群占满狭小的房间，挤到灵柩边上。几小时后，覆盖着尸体的鲜花消失了，成百双手把这些修饰用的鲜花当作珍贵的圣物摘走。狭小房间里的空气是如此浑浊，燃起的蜡烛也因氧气不足全都熄灭。潮水般涌来的人群一浪接一浪地涌到死者身边，棺材因为人流的冲击摇晃起来，几乎翻倒。死者的遗孀和孩子们受到惊吓，只好伸出双手扶住灵柩。警察局长想禁止人们举行公开的葬礼，大学生们计划戴上囚犯的锁链走在棺木后面以示敬意。警察局长还是不敢触犯热情洋溢的群众，否则一定会有人用武力强行加入到这个葬礼中。

葬礼过程中，陀思妥耶夫斯基神圣的幻梦突然在一小时的时间里变成了事实：统一的俄国。就像他的作品中描写的那样，俄国所有的阶级和阶层通过兄弟般的情谊成为一个整体。如今几十万人一起走在他的棺材后面，共同的悲痛使他们变成一个群体：年轻的王子们、穿着华丽衣裳的神父们、工人、大学生、军官、仆役和乞丐，他们在迎风飘扬的密如森林的旗幡中异口同声地哀悼这位亲爱的死者。为他施行过坚信礼的教堂变成一座鲜花森林。在他开放的墓穴前，各党派团体也联合起来，共同发誓，表示爱和赞赏。

他就这样把他的最后一刻献给了他的民族，这是充满和解善意的一刻，他以魔幻般的伟大力量再次把他那个时代互相敌对到疯狂地步的各种对立方协调起来。在他走后，似乎作为对死者惊天动地的问候，可怕的"地雷"爆炸了：革命。三周后，沙皇遇刺身亡。起义的雷声隆隆作响，惩戒的闪电掠过全国。和贝多芬一样，陀思妥耶夫斯基在大自然的各种元素发生骚乱之际，在狂风暴雨之中逝世。

（四）他命运的意义

> 我已变成一位大师，
>
> 承担欢乐和痛苦。
>
> 为我的欢乐受苦，
>
> 这已成为我永远的幸福。
>
> ——高特弗里特·凯勒

陀思妥耶夫斯基和他的命运不断进行斗争，相互之间存在着一种充满深情的敌意。命运使所有的矛盾，在他身上都痛苦地尖锐起来，所有的对照在他身上都痛苦地延伸开去，直到几乎撕断的程度。生命使他痛苦，因为生命爱他，他爱生命，因为生命如此强烈地攫住他，在受苦之时，这个最通晓一切的人才认识到感情的最强大的可能性。他人生无限漫长的夜晚像雅各似的和他搏斗，直到死亡的晨曦露出红霞。在他与世长辞之前，生命绝不放松对他紧紧拥抱。陀思妥耶夫斯基这个"上帝的奴仆"理解了这个信息的伟大，在其中找到最高的幸福，成为无限威力的永恒的屈从者。他用发烧的嘴唇亲吻他的十字架："对于人而言，再也没有比能够屈从于无限之力更必要的感情了。"在他命运的重压下，他跪倒在地，虔诚地举起双手，证明生命神圣的伟大。

在命运的奴役之中，陀思妥耶夫斯基通过谦卑和感悟成为一切苦难的伟大的克服者，成为《圣经》诞生以来最强有力的大师和推翻者。他的身体越往下沉沦，他的信仰就越向上飞升。作为人，他受的苦越多，他就越能幸福地认识到世界苦难的意义和必要性。Amor fati①——尼采把它赞为人生的最有益的法则，它让他对每种敌意都只感受到充裕，把每种灾祸只看作幸福。就像遇到巴兰这个被遴选出来的人那样，降临到他头上的每个诅咒都能化为祝福，每次屈辱都被转变成再次提升的动力。在西伯利亚，脚上拴着铁链的陀思妥耶夫斯基撰写了一首颂歌，献给把他无辜判处死刑的沙皇。

陀思妥耶夫斯基以我们无法理解的谦卑一再亲吻那只惩罚他的手；就像拉撒路刚从棺材里复活还面无人色时就准备为生命的美丽做证。他从每天的死亡、从痉挛和癫痫的抽搐中，挣扎着爬起来，满是唾沫的嘴就开始赞美给他施以考验的上帝。一切苦难在他敞开的灵魂里制造出对苦难的新的爱、制造出不知餍足的自虐狂似的狂热渴求，急于得到新的殉道者加冕的桂冠。命运若狠狠地打击他，他就浑身是血地跌倒在地，呻吟着要求得到新的鞭笞。每一个劈在他身上的霹雳他都接过来，变成能把他烧死的东西、变成心灵的火焰，使自己进入一种具有独创性的、心醉神迷的状态。

对于经历产生的这样一种妖魔似的转变能力，外在的命运完全失去了控制它的能力。对软弱的灵魂似乎是惩罚和考验的东

_____

① 献身命运之爱。

西，在这个知晓一切的人面前竟都化作了帮助：只有使人屈膝跪倒的东西才使这位诗人真正地昂首挺胸起来。把软弱的人击成齑粉的东西却只能增强这位极度兴奋的人的力量。

喜欢玩弄象征意义的世纪，赋予了具有与陀思妥耶夫斯基同样经历的双重影响的又一个样品：类似的霹雳击中了我们世界的另一位诗人——奥斯卡·王尔德。他们两人都曾经沦落过，也都是负有盛名的诗人，也都来自曾经享有爵位的贵族，有一天他们都从他们所生活阶级的氛围中跌入监狱中。但王尔德在经受这次考验时就像在一个研钵中被碾碎成齑粉，而陀思妥耶夫斯基却像矿石进了一个烈火熊熊的熔炉，得以千锤百炼，锻造成型。

王尔德身上始终怀有一种社交感，他怀着社交人物外在的本能，感到这种令他蒙受玷污的考验是一种使他所在的市民阶层也受到玷污的烙印。王尔德认为最可怕的屈辱就是在读书门监狱里每次进行的沐浴，因为他养尊处优的贵族躯体不得不浸泡在被另外十个囚徒已经洗脏了的水里。

王尔德是属于一个完全享有特权的阶级，绅士的文化使他害怕和下等人发生身体接触，并且对这种接触感到不寒而栗。而陀思妥耶夫斯基这个新人似乎凌驾于一切等级之上，他怀着一种沉浸在命运带来的一切自由的灵魂，却又迫切地渴望和下等人有共同之处。在同样的脏水中洗澡就是洗涤他傲气的炼狱的过程之一。在对一个肮脏的人施以谦卑的帮助时，陀思妥耶夫斯基觉得自己仿佛心醉神迷地经历了一场神秘的仪式。

在王尔德这里，贵族是超过凡人的一种阶级，和囚犯们在一起令他十分苦恼，他唯恐他们把他当作同样的人，而陀思妥耶夫斯基只有在小偷和凶手还拒绝和他称兄道弟时才感到苦恼。因为他觉得，每次和他保持距离，每次不和他称兄道弟是他人性的瑕疵、人性的缺陷。正如煤炭和矿石是同样的元素，这两位诗人的这种双重命运也是如此，既是相同的，又是完全不同的。

王尔德从狱中出来时整个人生已经毁灭了，而陀思妥耶夫斯基的才刚刚开始。在同样的火焰中，王尔德被烧成毫无价值的渣滓，而陀思妥耶夫斯基却被锻造得无比坚硬，甚至可以说是光彩夺目。王尔德像奴仆似的受到惩罚，因为他反抗；陀思妥耶夫斯基则通过他对自己命运和民族的热爱战胜了命运。

陀思妥耶夫斯基就这样一次次地转变了灾难，对屈辱给出了别样的评价，最后只有最残酷的命运才和他相称。因为他恰好从他充满外部危险的生活中得以淬炼，他才赢得了内部最高等级的安全。他的痛苦变成了他的收益，他的恶习成了提高他的台阶，他内心宿命的障碍化作一种更大的动力。西伯利亚、流放地、癫痫、穷困、嗜赌、纵欲，生命中所有这些危机都经由一种妖魔化力量被重估价值，给他的艺术创作带来极大裨益。就像人们从矿山最黝黑的深处才能采到最珍贵的金属那样，艺术家只有从他本性里最危险的深渊中夺得使火焰燃烧得最炽烈的真理，最后才能得到属于他自己的认识。从艺术上衡量陀思妥耶夫斯基的一生，毫无疑问的是一出悲剧，从道德上衡量他的命运，则是一种无与伦比的收获。一个人对自身命运的胜利就是通过一种内部魔法对外部做价值重估的过程。

特别是精神的生命力，它对一个久病不愈、顽疾加身的躯体所取得的胜利是没有先例的。我们不要忘记，陀思妥耶夫斯基本身是个患有严重疾病的人。他那些钢铁般永不腐朽的作品是从饱受摧残的、体弱多病的肢体和颤抖不已、炽热闪烁的神经中赢得的。至为危险的病痛深扎在他的身体内部，与他的生命形影相随，可怕的、死亡的象征——癫痫的魔鬼之影永远在他眼前晃动。在他身为艺术家的三十年里，陀思妥耶夫斯基始终是个癫痫病患者。无论是正在写作时、走在街上时、与人交谈时，还是睡梦中，那掐死人的妖魔之手都会不知从何处冒出来，突然卡住他的脖子把他猛扔在地，让他口吐白沫抽搐不已，使他遭到突然袭击的身体一次次被摔得头破血流。

经过不断的来自疾病的炼狱般的折磨，后来这个神经质的孩子已经能从奇怪的幻觉中和令他可怕的心理紧张状态中察觉到危险的闪电了，但这种"神圣的疾病"只有当他处在监狱时才真正得以铸成闪电。这种疾病在监狱里以无比强劲的力量逼迫他的神经达到一种令人惊悚的过度紧张状态。

陀思妥耶夫斯基身体上的病痛和每一种不幸、伴随着穷困及匮乏，一直忠实地陪他度过，直到弥留时刻。但令人感到诧异的是：这个受尽折磨的人从不抗拒这考验，他对这些考验没有任何异议。他欣然顺受，也从不抱怨自己身上的病痛，不像贝多芬抱怨自己耳聋失聪、拜伦抱怨自己的地位不高不低、卢梭抱怨膀胱的疾患，我们甚至没法证明陀思妥耶夫斯基曾有治好这些病痛的认真计划。我们完全可以放心地把这件不可能的事情当作确定无疑的事情来看待：他怀着那种无限的"Amor fati"热爱着他的疾病，他爱他的疾病，就像爱他身上的每一种恶习和危险一样。

诗人的窥探成瘾帮助他抑制住了生之为人所经历的人世痛苦：陀思妥耶夫斯基了解自己的痛苦，并控制住了这种痛苦。他把对他的生命形成最严重威胁的癫痫这种病变成了他艺术创作的最大秘密。他从这种一时间醺然陶醉的预感中，奇妙地把自我晕眩的状况收集起来，从中嗅出并提取出一种他人从未知晓的、神秘的美。他活着的时候就以极其令人惊悚的缩写方式经历了死亡，在每次死亡之前的一秒钟，濒死的他对死亡的体会最强烈，也体会到了使人着迷的生命的精髓——病理学上认为这是一种"自我感受"提高的紧张状态。

命运给陀思妥耶夫斯基带来他人生中无数紧张的生活瞬间，犹如带给他一种富有魔力的象征。把在谢苗诺夫斯基广场那几分钟①的感受又带回到他的血液之中，就像提醒他永远不要忘记他那介乎拥有一切和丧失一切之间的对比强烈的感觉。

就在这里，黑暗永远地蒙住了他的眼睛，就在这里，灵魂流出身体，就像水从盛得太满以至于倾斜的碗里流出。灵魂张开翅膀，颤抖着飞向上帝，它感觉到了超凡的光芒照在它那脱离肉体的翅膀下面，它感觉到了另外一个世界的光芒和恩典。地面缓慢下沉，星球发出轰鸣——就在此时，猝然惊醒的电闪雷鸣又把他击个粉碎，重又跌落到平凡的人生中。

每当陀思妥耶夫斯基描写这一分钟梦幻般的幸福感时，这种幸福感会鼓励他用前所未有的犀利目光进行观察，在回忆这种幸福时他的声音会变得激昂慷慨，让人恐怖的瞬间也会变成颂歌："你们这些健康的人啊，你们预想不到，"他这样劝诫："癫痫病人在发作前的一秒钟会经历一种极度的欢乐。《古兰经》中说穆罕默德曾在天堂乐园里待过很短的一段时间，他的水罐翻倒，有水流出来。所有人都说他是个说谎者，是骗人的家伙。这种说法是不对的，他没有撒谎。穆罕默德肯定是在癫痫发作时到过这个乐园，他和我一样，我们都患这种病。我从不知道这狂欢极乐的一秒钟是否能延续几个小时。但是请你们相信我，我不愿用它来交换人生所有的欢乐。"

---

① 1849年12月22日，陀思妥耶夫斯基被一队行刑的士兵带到彼得堡谢苗诺夫斯基广场执行枪决，眼睛被蒙上黑布，士兵的子弹已经上膛，枪口已经对准了他的头部。他在黑暗中等待死神的降临。

在这烈焰焚烧的一秒钟里，陀思妥耶夫斯基的目光仿佛掠过世间万物，在熊熊烈火般预感一切的感觉中拥抱无限的宇宙。但他隐瞒了痛楚的责罚，每次当他痉挛似的想要接近上帝的意图时都要遭受这样的惩罚。一次可怕的崩溃会激起叮当作响的混乱局面，水晶被击成碎片，肢体断裂，感官迟钝，他像另一个伊卡鲁斯[①]，飞升后又坠回尘世的夜色中。他的各种感觉被无限的光芒弄得迷乱不已，他在肉体的监狱里艰难地摸索着，努力地辨明方向，感官像蛆虫似的盲目地爬行在它存在的土地上，而这些感官刚刚还挥舞着幸福的翅膀、环绕着上帝盘旋呢。

陀思妥耶夫斯基每次发病后的状况简直像白痴似的，处于一种半醒半睡的状态。这种状态十分可怕，通过描绘梅什金公爵[②]这个形象自虐的状况，我们可以清晰地看到。他躺在床上，手脚摔断，不听使唤的舌头发不出任何声音，手里也拿不住笔，他意志消沉，满怀怒气，拒绝和任何人交往。本来能把成千件事情记得清清楚楚、条理分明的头脑如今分崩离析、支离破碎，连最贴近的身边事都想不起来。

有一次，在写《群魔》时陀思妥耶夫斯基的癫痫发作了，他感到他自己编造的所有这些事件记不清楚了，甚至连他主人公的姓名他也忘得一干二净，对此他感到十分惊恐。费了好大的力气才又投入到作品之中，继续以强劲有力的意志激活业已松弛的幻影，使他们重获生机——直到新一次发作把他撂倒为止。就这

① 伊卡鲁斯，希腊神话中的人物。他驾着蜡制的翅膀飞向太阳，烈日融化了他的翅膀，他便坠地身亡。

② 梅什金公爵，《白痴》的主人公，是寄寓陀思妥耶夫斯基理想的一个基督式的人物，纯洁、善良、坦率，对不幸的人充满同情，对社会的不公表示强烈的不满，也会因癫痫症的困扰从平静中惊醒。

样，他背负着癫痫的恐惧，嘴唇上残留着死亡的苦涩的余味，为穷困和苦难所迫，创作了人生中最后几部具有千钧之力的长篇小说。

仿佛一个梦游者，置身于死亡和疯狂之间的他稳步向前，他的创作又攀登上了更高的顶峰。通过这种不断死亡的境界，这个永远能够死而复生的诗人汲取了那种妖魔般的力量，贪婪地、用尽全力地抓住人生，妄图从中最大限度地榨取力量和激情。

多亏了这种疾病，成就了陀思妥耶夫斯基的天才，这种妖魔般的厄运犹如健康成就了托尔斯泰的多产和丰收一样。这种疾病使陀思妥耶夫斯基进入到凝练集中的感情状态，一般的感觉是不可能达到这种境界的，疾病赋予了他与众不同的、神秘独特的眼光，可以看见感情和灵魂的中间地带。

就像那个到处漫游过的奥德修斯①带来阴曹冥府的消息，陀思妥耶夫斯基这个唯一能清醒地从阴影和火焰的国度回来的人为人们带来关于这个国度的详尽至极的描写，以他的鲜血和嘴唇阴冷的战栗证明了确实存在着生死预感不到的状况。也多亏他的疾病，使他成功地创造了艺术的最高成就，就像司汤达②说的，"发明了语言未曾表达过的感情"。这些感情在我们大多数普通人身上处于一种萌芽的状态，由于我们的血总是处于寒冷的气候条件之下，使其未能充分发展、成熟、为我们所感知，而他则成功地描写出这些感情在热带条件下茂盛成长的样子。

而且病人的听觉是分外灵敏的，可以使他偷听到灵魂在神智

---

① 奥德修斯，又译为俄底修斯，是古希腊神话中的英雄，他是希腊西部伊塔卡岛的国王，曾参加特洛伊战争。

② 司汤达是马利·亨利·贝尔（1783—1842）的笔名，19世纪法国杰出的批判现实主义作家。

昏迷之前说出的最后几句话，在预感降临的一瞬间，一种神秘的犀利目光在他身上创造出未卜先知的能力和相互联系的魔力。这是一种无比奇妙的转变，使心灵在一切危机中都能得到收益。艺术家陀思妥耶夫斯基就这样使一切危险转变过来，让陀思妥耶夫斯基本人也根据新的标尺登上了新的高度。对他而言，幸福和苦难这感情的两个终点同样意味着提高的强烈不同的程度，他不是用中等生活的普世价值对其进行丈量，而是以他自己神经错乱的沸腾程度来丈量。

对于另外一个人而言，最高程度的幸福是拥有一个女人、享受一片风景或者获得和谐的感觉，这些幸福都是世俗状况所允许拥有的。而到了陀思妥耶夫斯基这里，幸福感的沸点却是在无法忍受的濒死之际。他的幸福是痉挛的，是口吐白沫的抽搐；而在感官的另一端，他的痛苦是砸烂、是崩溃、是虚脱。他的幸福和痛苦永远呈现出一种闪电般压缩成的主要状况，在尘世中无法持久。谁若在生活中经历正常的死亡，就能比大多数的普通人认识到一种更强有力的恐怖感；谁若感到身体漂浮起来，就能比永不离开坚硬大地的身体感觉到一种更持久的乐趣。

在陀思妥耶夫斯基这里，关于幸福的概念意味着陶醉，关于痛苦的概念意味着毁灭。因此他作品中人物的幸福也丝毫感觉不到欢快的情绪，他们的幸福像火焰一样地闪烁和燃烧，像勉强忍住的眼泪一样颤抖心碎，因为受到危险的威胁和冲击而心神不宁，这是一种无法忍受又不能持久的状况，与其说他们是享受幸福不如说是在受苦。而他的痛苦中又拥有一种东西，能克服沉闷的、令人窒息的恐惧、负担和恐怖等一切卑劣，还具有一种冰冷的、几乎可以认为是微笑的清朗，还有一种不知眼泪苦涩之味的、魔鬼的贪欲，还有一阵干巴巴的捧腹大笑和一种妖魔似的狞笑——这种笑声中夹杂着某种欢乐。

在陀思妥耶夫斯基之前，感情的矛盾对立从未被大大撕开到如此地步，世界从未体验过如此极端地在狂欢极乐和彻底毁灭中转换。在一切平常普通的丈量幸福和苦难的尺度之外，陀思妥耶夫斯基重新设定了这两个极端。

命运也在陀思妥耶夫斯基身上打下了这样两个极端的印记，只有从两个极端中才可以找到理解陀思妥耶夫斯基的通途。他是一种矛盾分裂的人生的牺牲品——强烈地肯定他命运的人同时也是狂热地肯定与他命运相反者的人。他那艺术家气质的炽热烈焰完全是从这种矛盾的对立和不断摩擦中产生出来的。这个毫无节制的人不是把这些对立调和起来，而是在自己心里把两种天生的矛盾分离开来，越扯越开，最终把两个极端变成天堂和地狱。

陀思妥耶夫斯基这位艺术家堪称是完美的矛盾的产物，艺术中伟大的二元论者，也许也被认为是人类最伟大的二元论者。他的恶习之一——对赌博的病态嗜好象征性地把他生存的原始意志表现出来。当他还是个孩子时，他就强烈地热衷于玩纸牌，不过直到到了欧洲流亡时他才认识让他神经着迷的魔鬼之镜：Rouge et Noir①，轮盘赌博——这对他那原始的二元论而言是一种极端危险的游戏。

在欧洲时，最强烈地让他心醉神迷的场所是巴登巴登②的绿色赌台和蒙特卡洛③的赌场，它们比西斯廷教堂的圣母像、米开朗琪罗的塑像、南国的风景、全世界的艺术和文化都更使他着

---

① 法文意为"红与黑"。

② 巴登巴登是德国小镇，著名的度假地，位于黑森林西北部边缘的奥斯河谷中。

③ 位于地中海沿岸的蒙特卡洛是摩纳哥第一大城市，与中国澳门、美国拉斯维加斯并称"世界三大赌城"。

魔。因为在赌场里有紧张情绪，要做出决定——要黑还是红，奇数还是偶数，幸福还是毁灭，赢还是输——一切都被压缩在骰子滚动的一秒钟里。人们神经紧张，全神贯注于跳动的、对立的、痛苦又欢乐的闪电般的变动中，这非常符合他的性格。柔和过渡、取得平衡、缓步提高，对他这个像患有热病一样不耐烦的焦躁者而言是不可忍受的事情，他不喜欢按照德国"做香肠的方式"行事，瞻前顾后，勤俭节约，精打细算地赚钱。只有全凭偶然地孤注一掷才能让他感到强烈的刺激。命运逗弄他，他便也和命运嬉戏：他喜欢偶然地制造人为的紧张——刚稳定下来他就又用哆嗦的手把全部的身家性命扔到绿色的赌台上，全力一搏。

陀思妥耶夫斯基并非因为追逐金钱而成为赌徒，而是由于我们闻所未闻的、"不正派的"、卡拉马佐夫式的人生渴求而成为赌徒。出于对眩晕的病态渴求、那种置身高塔上俯身下望深渊的乐趣，他要汲取一切中的一切精华。陀思妥耶夫斯基在赌博中向命运挑战：他下的注永远是他最后的那点钱，是他的整个生命；他从中赢得的乃是神经的极度兴奋、死亡般的战栗和妖魔般的世界之感。即使在金色的毒药当中，陀思妥耶夫斯基喝下去的只是想要获得神意的新的渴求。

不言而喻，陀思妥耶夫斯基把这种感情像其他各种感情一样，都要超过一切尺度，推向极致，直到变成恶习为止。就此停止，小心从事，三思而行不符合这位具有泰坦巨人的秉性的人，"在任何地方，在所有的事上，我这一生都是越过界限的"。超越界限这一点在艺术上是他的伟大，而在人性上则是他的危险：他遇到市民阶层道德的栅栏，绝不停步，谁也说不清楚，他的一生究竟越过法律的界限有多远，他笔下人物的犯罪本能有多少在他自己身上成了现实。个别的事情得到了证明，但只是比较微不足道的事情。

他小时候在打纸牌时骗人，就和他在《罪与罚》一书中写的那个可悲的傻瓜马尔梅拉多夫①一样，因为贪饮烧酒，偷了他老婆的长筒袜子。陀思妥耶夫斯基也偷了他老婆的钱和柜子里的一件衣服，在轮盘上把它们输掉。他在《地下室的年代》里描写的情欲上的放荡行为后来又变态到什么程度，斯维德里盖洛夫②、斯塔夫罗金③和费奥多尔·卡拉马佐夫这三个"肉欲蜘蛛"，有多少也在他性欲的精神错乱中纵情无度地尽情享受过，对此他的传记作家们不敢进行探讨。他的某种倾向和变态程度，反正也都根植于腐化堕落和纯洁无邪这一神秘的对比欲望之中，但是探讨这些传说和猜测（不论它们如何说明问题），并不是主要问题。重要的只是不要忽视，肮脏不堪的费奥多尔④和《卡拉马佐夫兄弟》中的阿廖沙虽然是对立的，但他们有血缘关系。

只有这点是肯定的：陀思妥耶夫斯基即使在他的性欲上是个市民尺寸的超越者，但并不是歌德柔和意义上的超越者。歌德曾经在这句著名的话里说过，他活生生地感觉到在他身上有着干一切下流事情和犯罪行为的禀赋。

歌德的身上有一种绝无仅有的强大力量，把他身上的这些到处滋生蔓延的萌芽全都消灭干净。这位奥林匹斯山上的天神⑤希

---

① 马尔梅拉多夫，《罪与罚》中的小公务员，他找不到解决贫穷的办法，不能够踏踏实实工作，只是一味地酗酒。
② 斯维德里盖洛夫，《罪与罚》中的地主，对主人公拉斯科利尼科夫的妹妹不怀好意。
③ 斯塔夫罗金，《群魔》中的主人公，集中了聪明而危险的人身上所有的恶，其力量与破坏性无与伦比，堪称当之无愧的恶的化身。
④ 费奥多尔·卡拉马佐夫是阿廖沙·卡拉马佐夫的父亲。
⑤ 希腊神话中，十二个主神都住在奥林匹斯山上。

望达到和谐的境界，他最高的渴望便是消灭一切对立，让沸腾的血液冷却下来，让各种力量平静均衡地漂浮。他在自己身上阉割了性欲，他在失血过多、极为严重的情况下，为了他的艺术和高尚，把一切危险的萌芽渐渐铲除干净。当然，为了消灭它们，也消耗了他自己的许多力量。

而陀思妥耶夫斯基则激烈主张他的二元论，犹如激烈主张生活中落到他身上的一切东西一样，他不愿意向上飞升，达到和谐的境界，因为对他而言和谐就是僵化的代名词。他不愿把他的矛盾和对立束缚在一起，捆成天神般的和谐状态，而是把矛盾双方使劲分开，让它们分别变成上帝和魔鬼，居于两者之间的则是世界。他想要的是无限的生活，生活对他而言是对比分化的矛盾两极之间唯一的释放电力之处。他心里的萌芽——善与恶、危险与促进必须飞升，一切激情将在他创造的热带条件下开花结果。

陀思妥耶夫斯基的道德并不指向典范或标准，而仅仅指向强度。对他来说，正确的生活就是一种强劲有力的生活，就是经历一切，善与恶全都同时经历，让矛盾和极端的两者都在一种强劲无比的、令人极为着迷的形式中被人所经历。因此陀思妥耶夫斯基从不愿意寻找一种普世标准，而只寻找丰富的素材。

与他同时代的托尔斯泰在写作之际站了起来，时常心神不宁地撇开艺术，一辈子让自己陷入区分什么是善什么是恶、思考他的生活究竟是正确还是错误的折磨中。因此托尔斯泰的生活是有教育意义的，是教科书，是充满论战的小册子，而陀思妥耶夫斯基的生活则是一件艺术品，是出悲剧，是种宿命。陀思妥耶夫斯基的行动是漫无目标的、无意识的，他不会有什么自我审查，他只会强化自我。而托尔斯泰则在民众面前大声谴责自己犯了各式各样的死罪，陀思妥耶夫斯基则对此保持沉默，但他的沉默比托尔斯泰的一切谴责都更多地泄露了索多玛①。陀思妥耶夫斯基不愿审判自己，不愿改变任何东西，也不想改善什么，他只想着一点：自我加强。他从不反抗恶或反抗他天性中危险的东西；相反，他爱他的危险，把它作为动力，他崇拜他的罪过。他崇拜他的倨傲是为了追悔和谦卑，因此，如果有谁想要在道德上"宽恕"他，或者为了市民目光所及的小小和谐去拯救这个毫无节制之人的基本的美，实在是幼稚可笑的想法。

这是一位创作了卡拉马佐夫、《青年》中的大学生形象、《群魔》中的斯塔夫罗金、《拉斯柯尔尼科夫》中的斯维德里盖洛夫的作家，上述这些人统统是肉体狂热分子，那么这位作家在自己的生活中应该也如此，因为要赋予这些人物残酷的真实性，作家本身必须在精神上要热爱或精于这种放纵行为。

陀思妥耶夫斯基以无与伦比的敏感度认识到爱欲的双重意义，陶醉于肉欲的爱欲在污泥浊水中蹒跚前行，最后沦为淫乱的勾当，直到把精致的精神拉入堕落的深渊，使其凝结成狠毒和罪行。陀思妥耶夫斯基那洞察一切的目光穿透爱欲所有的面具，微笑地看着它飞奔狂跑。他也了解爱欲最高贵的形式，就是那种不带肉欲的纯洁之爱，同情、幸福的怜悯之爱，饱含全世界兄弟情谊和奔泻的泪水之爱。所有这些关于爱欲精华的秘密全都藏在他心底，不是短暂的痕迹，而是存在于最纯净、最有力地提炼出来的物质之中，像一个真正的诗人所拥有的那样。

带着激动和一种可以感觉到的感官的颤动，陀思妥耶夫斯基对每一种放纵行为都进行了描写，有许多大概是他快活经历过的。必须说明，我写这些并不意味着（对他完全陌生的人也许会

---

① 索多玛又名巴贝卓，《旧约圣经》中记载的城市名，位于死海东南方。

这样理解）陀思妥耶夫斯基是个纵欲无度之徒，是个花花公子，他只是渴求欢乐，就像他渴求痛苦一样，他也是情欲的农奴，是一种对精神和肉体具有霸道而不可抗拒之好奇心的奴隶，这种好奇心用荆条鞭笞着把他驱进危险之境，驱进一条小路，通往性欲反常的荆棘丛中。他的欢乐也不是普通的感受能达到的，而是靠赌博把全部性感的生命力当作赌注，是想要一而再再而三地获得癫痫发作的一种雷雨降临前似的闷热，先让感情集中在欢乐前奏紧张危险的几秒钟里，然后沉重地坠落到悔恨之中。哪怕身处在欢乐中，他也只喜欢危险的、让神经为之兴奋闪烁不已的游戏，这些是他自己身体里自然的东西。怀着一种无谓的意识和沉重的羞耻组成的、奇怪的混合感情，他在每种欢乐中只愿意寻找欢乐的对立面，只愿意寻找悔恨的渣滓。他在奸污中寻找贞洁纯良，在罪行中寻找紧张刺激。

　　陀思妥耶夫斯基的情欲是一座迷宫，里面的所有道路互相交织，错综复杂。在肉体里，上帝与野兽为邻——请试图在这个意义上理解卡拉马佐夫家族的象征——阿廖沙这个天使、这个圣人正好是费奥多尔这个残忍的"淫欲蜘蛛"的儿子。淫欲制造了纯洁，罪行创造了宏伟，欢乐造成了苦难，苦难又创造了欢乐。对立的两面永远是接轨的：前面说过，他的世界横亘在天堂和地狱之间、上帝和魔鬼之间。

　　因此，他便无边无际地、彻头彻尾地、完全知晓却毫不抵抗地献身于他内心矛盾的命运，Amor fati 是陀思妥耶夫斯基最后的和唯一的秘密，是他狂欢极乐的独创性火焰的源泉。正因为生活如此强有力地分配给他这些两极分化的矛盾，苦难中的人生也向他展现了感情的不可衡量，他也因此深爱这个残忍而又好心的、不可理解的、永远神秘的人生。他的尺度是丰满的，是无限的，他从不追求波浪般柔和的人生道路，只想给自己选择凝聚的、紧张的一条小路。对他心里善和恶的萌芽，对每一种激情、每一种恶习，他都通过热情洋溢和自我心醉神迷使之高扬、飞升、提炼，不愿把他感悟到的血液中的危险去除分毫。他身上的赌徒性让他毫无保留地把自己当作赌注，投入到各种势力的激情博弈中。因为只有在红或黑、生或死的滚动中他才能甜蜜地体会到生存的全部狂喜。"你把我放进人生之中，你也将把我从中引导出来"，这是他和歌德一起对大自然所做的回答。他从未想过要 "Corriger la fortuné"①。

他从不寻找完成和结束，从不在安静中结尾，只是一味地在苦难中寻找人生的升华，他把他的感情越提越高，直达新的高度，因为他并不想赢得自己，而是要赢得感情最高之集合。他不想像歌德那样凝成一块水晶，用上百个平面冷漠地反映动荡不宁的混乱，而是始终作为不变的火焰自我破坏，每天毁灭自己，以便每天再把自己建造起来，永远处于自我重复中，但这种过程的提升总是取自更加紧张的对立力量。他不想控制人生，只想充当他命运的狂热的农奴，只有作为"上帝的奴仆"、做所有人中最富于献身精神的人，他才能变成熟知一切人性的人。

陀思妥耶夫斯基把控制他命运的权力又还给了命运：这样，他的生命便远远地超越那偶然的时间。他是个妖魔般的人，臣属于各种永恒之力。在他身上，在我们时代清晰的文献般的光线中，再一次产生了一个被人认为已经消逝的神秘时代的诗人、预言家、伟大的疯子、命运之子。在这个泰坦巨人般的身躯里有一些来自史前时代的、英雄史诗般的东西。

---

① 法文：纠正改变命运。

　　如果说其他文学作品像鲜花遍地的高山从时代低地里拔地而起，虽然能证明一种塑造伟力的存在，但这种伟力由于时间的拉长显得温和平缓，即使它们身在高处，我们依然可以企及，那么陀思妥耶夫斯基创作的山顶似乎是一座火山的光秃岩石，光怪陆离又灰暗迷蒙，从他那撕裂开来的胸部的火山口喷涌而出的烈焰直流到我们世界的最底层，熊熊火焰在核心处流动，这里和一切事物的开头、和原始自然的力量有着联系，于是我们便浑身战栗地从他的命运和作品中感到人性的神秘是如此深不可测。

（五）陀思妥耶夫斯基笔下的人物

啊，　你们不要相信人是一个统一体。
　　　　　　　　　　　　——陀思妥耶夫斯基

　　陀思妥耶夫斯基自己就是一座火山，因而他笔下的人物也都是火山。因为说到底，每个人创造的人物反映的只是那个创造他自己的神。这些人物并非和平地安置在我们身边，他们凭自己的感觉插入问题的本质中去。有些神经质的现代人在他们之中兼有最初的本质，对于生活，他们只知道它的激情，他们会同时嗫嚅着说出世上最初的问题。他们的形式还没有冷凝，他们的岩石还没有垒起，他们的容貌还没有平整。他们永远是等待完成的，因而更加生动。因为完成的人同时也是业已结束的人，而在陀思妥耶夫斯基笔下，一切都冲向无穷无尽中。他觉得只有和自己决裂的人才值得对其进行艺术加工，一切性格有问题者才是舞台上的主角：他把业已完成的人、情感成熟的人全都抛弃，犹如树木甩掉它的果实。陀思妥耶夫斯基只有在他的人物正在受苦、正拥有他自己的人生般充满矛盾的形式，或是本来一团混乱的命运正发生转变时，才热爱这些人。

我们只要把他的人物放在另一幅图画面前就能显示出其奇妙的特点，就能更好地理解他们。试着比较一下。我们不妨在心里唤醒巴尔扎克作品中的一个人物作为法国长篇小说的典型代表，于是想象中便出现了一个线条笔直、范围限定、内心完整的图像，一个像几何图案一样清清楚楚、中规中矩的概念型人物。巴尔扎克笔下的所有人物都像用一种独一无二的、用心灵确定的物质制造而成。他们都是元素，拥有这类人一切的本质特点，也拥有在道德和心理反应上典型的形式。他们几乎不再是人，简直是已经变成具有人形特性激情的精密机器。

每个姓名在巴尔扎克作品里都可以当作某种特性的相关词：拉斯蒂涅就是勃勃野心，高里奥就是自我牺牲，伏脱冷就是无政府主义……他们中每一个人身上都被赋予了一种君临一切的动力，把其他所有内在力量都吸引过来，迫使它们朝人生的中心意志的方向前进。人们简直不得不称他们是机器人，因为他们对每种人生的刺激给出的反应都极为准确，在使出力气进行反抗时也的确像机器一样可以预测。要是稍稍多读一些巴尔扎克的作品，就可以根据人物性格来预测他对某一事实会做出什么样的回答，就像抛石头的譬喻：石头抛出多高就可预测它落得多重。葛朗台这个悭吝人看女儿做出牺牲、显出英雄气概，这个小气鬼就会相应地表现得更加吝啬；高老头在日子过得还相当富裕、假发还能被仔细地扑上粉的时候，我们就已经知道迟早有一天他会为了两个女儿卖掉他的背心，把他最后的财产——银制餐具毁掉。由于巴尔扎克人物性格具有一致性，由于一种冲动，他们必然会如此行事，他们尘世间的肉体只是用一种不完整的人性形式把冲动包裹起来。

巴尔扎克的人物性格（包括维克多·雨果、司各特、狄更斯作品中的人物性格）全都质朴单纯，目标明确。他们都是统一体，因而可以放在道德的天平上测量。在那个精神宇宙里，只有他们碰到的偶然事件才能色彩纷呈，千姿百态。在那些叙事作家中，人生经历是多种多样的，长篇小说本身为争取反抗尘世间的各种力量而进行斗争。巴尔扎克的人物性格和整个法国长篇小说中的人物性格不是比社会反抗更强，就是更弱。他们要么征服人生，要么就被碾死在人生无情的滚滚车轮下。

关于德国长篇小说的主人公，我们想到的典型就是威廉·麦斯特①或者绿衣亨利②，他们对自己的基本方向并不如此肯定。他们身上有多种声音，在心理方面有细微的差别，在心灵上是多重奏的。善与恶、强与弱在他们内心肆意流淌，搅成一片。他们一开始就是混乱的，清晨的浓雾遮住了他们清澈的目光。他们感觉到有多种力量在他们体内，但是还没有汇集起来，还在互相争斗，还不是和谐的统一体，可是已经贯穿了凝成统一体的意志。德意志的天才在最终的意义上，总是目标指向秩序。所有小说中的德国主人公身上没有发展其他方面，只发展了他们的个性。各种力量集中起来，德国的理想是把人提高到精明强干的程度。按照歌德的说法就是"在世界的潮流之中塑造性格"。被生活震撼得乱七八糟的各种元素在片刻的安静中凝结成水晶，经历过学习

---

① 歌德的散文体小说代表作《威廉·麦斯特的学习时代》和《威廉·麦斯特的漫游时代》两部，描写了主人公威廉寻求人生理想的过程及他个性的形成。

② 戈特弗里德·凯勒（1819—1890），被称为"瑞士的歌德"，在德语文坛享有很高的声誉。《绿衣亨利》是其代表作，讲述亨利在怎样的社会环境中成长，将主人公成长的点滴如诗如画般地呈现在读者面前，是欧洲文学史上一部著名的教育成长小说。

时代的人从所有这些书的最后一页——从《绿衣亨利》《徐佩里翁》①《威廉·麦斯特》《奥夫特丁根》②这些书里，用清澈的眼睛精力充沛地看着这个清澈的世界。生活与理想和解，它们的力量发生着影响，不再是挥霍无度和杂乱无章，而是节约下来为了达到最高的目标。歌德的人物和所有德国作家的人物全都得到自我实现，达到最高形式。他们全都劳动工作，精明强干，他们从经验中学会了生活。

可是陀思妥耶夫斯基的人物却并不寻找和现实生活的联系，也根本没有找到。这是这些人物的特点。他们根本就不想进入现实世界，而是从一开始就向外发展，想要进入无限的境界。他们的王国不在这个世俗的世界。一切价值、头衔、权力和金钱的外表形式、一切可以看见的财产，对他们而言既无价值，也不是目的，不像在巴尔扎克的作品里那样；也不作为手段，不像在德国作家的作品里那样。他们在这个世界上既不想贯彻自己的意志，也不想坚持什么、改变什么。他们并不节省自己，而是尽情自我挥霍，他们并不盘算，永远捉摸不定。他们想要感觉自己和生活，但并不想感觉生活的影子和映像以及外在的现实性，他们想感觉宏伟的神秘的原始力量、宇宙的伟力、生存的感觉。

不论你在什么地方往陀思妥耶夫斯基的作品中深挖，这种十分原始的、几乎无性的狂热的生命冲动都会作为最底层的源泉到处涌流，那非常原始的欲望既不要求幸福或者受苦，也不追求生

---

① 《徐佩里翁》是德国诗人弗里德里希·荷尔德林（1770—1843）的书信体小说。

② 德国浪漫主义诗人诺瓦利斯（1772—1801）的《海因里希·封·奥夫特丁根》是一部未完成的小说，它是诺瓦利斯反对歌德《威廉·麦斯特》中的现实主义倾向的具体实践，这部残稿成为极端浪漫主义十分重要的经典。

活的个别的形式、价值、区别，而是要求完全一致的快乐，就像在呼吸时感到的快乐一样。他们要从源头饮水，而不是从城市和街道的井里饮水。他们要在自己身上感觉永恒和无限，去除一时的尘世。他们只认识一个永恒的世界，不认识社会的世界。他们既不想学会人生，也不想征服人生，他们仿佛只想赤裸裸地、当作生存的极度欢乐来感觉人生。

由于热爱世界而不谙世事，由于对现实世界激情如炽而脱离现实，陀思妥耶夫斯基的人物首先使人感到有些天真单纯。他们没有一直向前的方向，没有看得见的目标；这些算是成年的人们像盲人似的脚步踉踉跄跄撞撞地在世上乱摸乱闯，或者就像醉汉一样。他们停住脚步，环顾四周，提出各种问题，没有得到回答，又继续向未知的地方跑去：他们完全像是初来者进入我们的世界，对这个世界还并不习惯。人们并不理解陀思妥耶夫斯基的人物，并不考虑他们是俄国人，是从千年之久的野蛮的无意识状态，闯进我们欧洲文化之中的这样一个民族的孩子。挣脱了古老的文化，挣脱了宗法制度，对新的文化还不熟悉，他们就站在一个十字路口，每个人的忐忑不安也就是整个民族的忐忑不安。我们欧洲人待在我们古老的传统里，就像住在一幢温暖的房子里。

19 世纪的俄国人、陀思妥耶夫斯基时代的俄国人，把野蛮的远古时代的木头茅屋在身后烧掉，而新的房子还没有建造起来。大家都失去家园，漫无方向。他们的拳头里还蕴藏着青年时代的力气，野蛮人的力气，但是本能已被多种多样的问题搞得糊里糊涂：双手充满力气，但他们不知先抓什么。所以他们什么都抓，从来不知餍足。我们不妨感受一下每一个陀思妥耶夫斯基笔下的人物的悲哀，从他们整个民族的命运感受一下他们每个人的矛盾和内心障碍。

19 世纪中叶的这个俄罗斯不知道向何处去：向西方还是向东方，向欧洲还是向亚洲，向彼得堡这个"艺术之城"进入文化中还是往回走，回到农家庄园、回到大草原上去。屠格涅夫推着他们往前走，托尔斯泰再把他们拉回来。一切都不安宁，沙皇制度直接面对一个共产主义的无政府状态，对东正教的信仰——自古继承下来的信仰一跃而上到一种狂热的疯狂的无神论中。没有任何东西是牢固的，没有任何东西在这个时代还保有它的价值，信仰的星辰不再在他们头上燃烧，法律的火焰早已从胸中熄灭。陀思妥耶夫斯基作品中的人物从一个伟大的传统中连根拔起，他们是一些真正的俄国人。过渡性质的人物心里始终带着开始时的混乱，满载着内心障碍和把握不定。对他们而言，没有一个问题得到解答，没有一条道路得到铺平：他们大家都是过渡的人物、开头的人物。每个人都是一个科尔德斯①：背后是燃烧的船只，面前是陌生世界。

但是这是件奇妙的事：因为在他们每一个人身上，世界又重新开始一次。所有的问题在我们这里已经僵化成冰冷的概念，而在他们身上还依然在血液里炽烈燃烧。我们舒舒服服的，踏得平平整整的道路，连同它们道德的扶手和伦理的路标，对于他们而言是陌生的：他们随时随地都在穿过丛莽，走进无边无际、无穷无尽的境界。每一个人都和列宁、和托洛斯基的俄国一样感到，他得重新建造整个世界秩序，这是俄罗斯人对于欧洲的无法描绘的价值，这里又一次有一种尚未消耗过的好奇心向无穷无尽的世界提出一切有关人生的问题。我们在我们的教育方面已经懈怠，

---

① 赫尔南·科尔德斯（1485—1547），开拓美洲大陆的西班牙征服者，1521—1530 年任新西班牙的总督。

而别人还热情如火。在陀思妥耶夫斯基笔下，每一个人都再一次修正所有的问题，亲自用鲜血直流的双手把善与恶之间的界石挪动，每一个人又把自己的混沌状态改造成世界性的。每一个人在陀思妥耶夫斯基笔下，既是新的基督的仆人，又是宣告者；既是一个第三帝国的殉道者，又是它的宣告者。在他们心里还存留着最初的混沌，但是也有着在世上创造光明的第一天①的破晓及创造新人的第六天的预感。他创造的人物是一个新世界的开拓者。陀思妥耶夫斯基的长篇小说是新人的神话，是新人从俄罗斯灵魂的母胎中诞生的神话。

一种神话，特别是一种民族的神话要求有信仰。因此请不要通过理性的水晶般的手段来理解这些人。只有感情，只有兄弟般的感情才能懂得他们。关于 Common Sense②，对于英国人、美国人，对于讲究实际的人而言，卡拉马佐夫家父子四人想必看上去是四个不同种类的傻瓜，陀思妥耶夫斯基的整个悲剧世界，想必看上去像是个疯人院。因为对于健康的、单纯的人来说，其天性的出发点和终结点是将日子过得幸福，并将永远希望如此，而对于陀思妥耶夫斯基的人物而言，日子过得幸福却是极其无所谓的事情。你们打开欧洲每年出版的五万本书籍，看看它们都在讲些什么？就在讲怎么将日子过得幸福。一个女人想找一个男人，或者一个人想发财致富，拥有权力，受人尊敬。

在狄更斯的著作里，所有的愿望到末了就是在绿茵丛中有一间温馨的小屋，儿女成群，活泼健康。在巴尔扎克那里，要有一幢府邸，贵族院院士称号和几百万家产。让我们环顾四周，看看

---

① 《旧约全书》中的第一卷《创世记》中认为，上帝创造世界时，第一天创造了光，第六天创造了人。

② 意为"人之常情"。

大街上，看看低矮的房屋，看看明亮的客厅，人们在那些地方想要什么？想过幸福生活，心满意足，发财致富，拥有权力。陀思妥耶夫斯基笔下的人物，谁想要这些？谁也不想，他们无论在什么地方都不想停住脚步，即使在幸福之中。他们大家都想要继续向前，他们大家都有颗折磨自己的"更高的心"。过幸福生活，他们漫不经心，也无所谓；发财致富，与其说是他们所企望的，毋宁说是他们藐视的。这些奇怪的人，对于我们整个人类想要的东西，他们都不想要。他们没有人之常情，他们对这个世界一无所求。

那么他们是知足常乐者，对人生冷漠之辈、对人生兴味索然的人吗？恰恰相反，我已经说过，陀思妥耶夫斯基的人物是一些"新开始的人"。尽管他们天资聪明，理解力如钻石一样犀利，却拥有孩子的心、孩子的欲望：他们想拥有一切，而且十分强烈地想拥有一切。善与恶、热与冷、近与远，他们都要。他们夸大成性，毫无节制。所有的东西中他们就要最好的，他们的感觉是烈焰赤红的，普通的合金全都能被熔化，世界熊熊燃烧。他们像狂人似的一头扎进人生之中，从贪欲转为悔恨，从悔恨又转为行动，从犯罪转入忏悔，从忏悔转入心醉神迷，于是他们跑遍命运的所有小巷，直到尽头，直到倒在地上口吐白沫，或者直到他们被别人打翻在地。

每个人——整整一个年轻的民族、一代年轻的人类都舔着嘴唇在渴求世界，渴求知识，渴求真理！你们给我找找看啊，让我看到陀思妥耶夫斯基作品里是不是有一个人，在平静地呼吸，在就地休息，已经达到了他的目的！没有，一个也没有！他们都在参加这个疯狂的攀登高处或进入低谷的赛跑——因为根据阿廖沙的公式，谁若踏上了第一个台阶就必须努力登上最后一个台阶——他们向四面八方伸出手去。不论冰冻还是火烧，他们贪得无厌，这些不知餍足、没有限度的人只是在寻找他们的尺度，只有在无限中才能找到，每个人都是一束骚动不宁的熊熊烈火。骚动不宁就是痛苦。因此陀思妥耶夫斯基的主人公都是伟大的、受苦受难的人。他们都面孔扭曲，大家都生活在热病中、痉挛中、抽搐中。

一个伟大的法国人惊恐万状地称陀思妥耶夫斯基的作品是一所疯人院。的确，从外表上乍一看，这是一个多么阴惨的、千奇百怪的环境啊！酒气冲天的酒吧、狱中牢房、郊区住宅的角落、妓院密布的小巷、小酒馆，在那里，在伦勃朗的阴影中，有一堆心醉神迷的人物：双手涂满受害者鲜血的杀人犯、在听众哄笑声中的醉鬼、在小巷半明不暗的昏光中脸色泛黄的女孩、在街角乞讨的犯癫痫病的孩子、在西伯利亚的流放地的连环杀手。在囚犯掌握之中的赌徒罗戈任①像头野兽似的在他老婆紧闭的房门口滚来滚去，诚实的小偷奄奄一息地躺在床上等死——他们都处于感情的阴曹地府、激情的地狱！这是怎样可悲的人类、怎样的俄罗斯，永远阴郁朦胧的、灰暗低沉的天宇压在这些人物头上，他们心灵和景色是多么黑暗！这是一片不幸的地带、一片绝望的沙漠，充满了没有慈悲或公正的炼狱。

这样的俄罗斯起先是多么黑暗、多么混乱、多么陌生、多么敌意森然，它似乎充满了苦难，这个地球就像狂怒的伊凡·卡拉马佐夫说的："浸满了泪水，直渗入到它最深沉的内核之中。"但是就像陀思妥耶夫斯基的面孔，乍一看显得忧郁，活像黏土，满

---

① 罗戈任，《白痴》中的人物，花花公子，杀害了女主人公纳斯塔西娅·菲利波芙娜。

是忧愁，土里土气，低声下气。但是他的额头的光彩盖过了沉迷状态，他面部轮廓的世俗气、他的内心深处也为他的信念所照亮，所以在他的作品中，精神的光芒也照亮了沉闷的物质。

陀思妥耶夫斯基的世界似乎完全是靠苦难组成的。可是他的那些人物所有苦难的总和，也只是看上去比每一本其他作品中的苦难要大。因为在这些人物当中，有一种东西在和幸福之欲，思想深邃地对峙着，这就是痛苦之欲，渴求痛苦的欲念：他们的痛苦同时也是他们幸福的日子，他们用牙齿紧咬不放，并放在胸口烤着，用双手爱抚，用整个灵魂珍爱。他们只有在不爱这种痛苦时才最为不幸。感情在内心深处的这种疯狂地、激烈地交换，陀思妥耶夫斯基式人物的这种永恒的重新估价，也许只有一个例子可以完全讲述清楚。我选择一个例子，它以上千种形式一再重复出现：一个人由于受到屈辱，一种实实在在的屈辱或者一种假想的屈辱而遭到的苦难。

任何人，一个普普通通的敏感的人，不论他是小公务员还是一个将军的女儿，受到了污辱。也许是由于一句话，一件无关紧要的事情，他的自尊心受到伤害。这第一次的伤害是最初的效果，使他整个的机体都翻腾起来。这人于是受苦受罪。他受到了伤害，他正守候着并紧张起来，等待着一个新的伤害。第二个伤害来到：照理就是苦难的累积。但是稀奇的是，这次伤害不再使人痛苦。虽说这受伤害者抱怨诉苦，大呼小叫，但是他的抱怨已经不再真实：因为他爱上了这个伤害。

这种"不断意识到自己的耻辱是一种不自然的秘密的享受"替代受到伤害的自尊心，他有一种新的自尊心：殉道者的自尊心。现在他的心里产生了渴望新的伤害，越来越多的伤害的愿望。他开始挑衅，他夸大，受苦现在变成了他的向往，他的渴求，他的欲望：人家让他受到屈辱，他（这个没有分寸的人）就希望自己变得非常低下。他不再放弃他的苦难，他咬紧牙关，把它咬住不放。现在乐于助人者，那个爱他的人成了他的敌人。就这样，小内莉①三次把药粉打在医生脸上，拉斯柯尔尼科夫把索尼娅②推回去，伊柳契卡咬住虔诚的阿廖沙的指头——出于爱，出于对他们苦难的狂热的爱。他们所有的人都热爱受苦，因为他们从中可以强烈地感觉到人生，他们热爱的人生。因为他们知道，"在这个世界上只有通过苦难才能真正热爱"。他们就要这个，尤其想要这个！这是他们最强烈的生存证明：他们不说"Cogito, ergosum"③，而是用"我受苦故我存在"代替。这个"我存在"在陀思妥耶夫斯基和他所有的人物身上是人生最高的胜利、世界感觉的最高形式。德米特里④在牢房里欢呼，唱出了对这个"我存在"的伟大的颂歌、对生存的爱欲的颂歌，正是因为这种对人生之爱的缘故，他们大家都觉得受苦受难是必需的。

因此，我已经说过，在陀思妥耶夫斯基的作品里，苦难的总和看上去比在所有其他诗人那里要大得多。因为如果有个世界，那里没有什么东西是无情的，从每个深渊总有一条道路走出来，每个不幸总还有狂喜，每个绝望总还有希望，那这就是他的世界。这部作品不就是一系列现代使徒的故事，不就是通过精神从苦难中解脱出来的传说吗？不就是皈依人生的信念，达到认识之路吗？不就是穿过我们的世界，通向大马士革之路吗？

---

① 内莉是《被侮辱与被损害的》中被瓦尔科夫斯基公爵遗弃的女儿叶莲娜的小名。

② 《罪与罚》中的人物索菲娅的小名。

③ 拉丁文，意为"我思故我在"。

④ 即德米特里·卡拉马佐夫，最后接受外在的惩罚，自愿去流放。

在陀思妥耶夫斯基的作品中，人为了争取他最后的真理而搏斗，为了得到他最为人性的自我而搏斗。是不是有人被谋杀了，或者一个女人因为爱情而痛苦不堪，这一切都是次要问题，外在问题，都只是布景。他的长篇小说发生在人的内心的最底层，在心灵空间，在精神世界里，偶然事件、异常事件、外部生活的天命仅仅是提示语，机械装置只是场景范围。悲剧一直在内心深处存在，它总被叫作：克服心理障碍，为争取真理而搏斗。他的每一个主人公都问自己，像俄罗斯问自己一样：我是谁？我有什么价值？

他在摇摇晃晃之中，在无限空间、在永恒之中寻找自己或者更多是寻找他本性的最高形式。他想认出自己，是上帝面前的人，他想承认自己。因为对于每一个陀思妥耶夫斯基的人物而言，真理不仅是需要，它是漫无节制的狂喜，自白则是他最神圣的乐趣。在陀思妥耶夫斯基的书中，在自白中，内在的人、真正的人、上帝的人可以通过尘世中的人显露出来，而真理——就是上帝——通过它肉体的存在显露出来。他们因此怀着狂欢极乐，戏耍自白。他们如何掩饰这自白——拉斯柯尔尼科夫在波尔菲里·彼得罗维奇①面前——总是悄悄地把它显露出来，又掩盖起来，然后又声嘶力竭地大叫，超过限度地承认实情，如何疯狂地裸露自己，如何把恶习和美德搅在一起——这里，只有在这里，在为赢得真正自我时才存在着陀思妥耶夫斯基的真正紧张关系。这里，在非常内在的地方才进行着他的人物的宏伟斗争，他心灵的壮观的史诗；这里，在异国情调的东西在他们身上耗尽之处，

---

① 波尔菲里是《罪与罚》中聪明耐心的警官，通过对话和推论得知拉斯科尔尼科夫是毒杀妻子的凶手的事实。

他们的悲剧也才完全变成我们的悲剧，充满人性的悲剧；我们在自我诞生的神秘宗教仪式之中，完全彻底地经历了陀思妥耶夫斯基在每个世人身上所写的关于新人，关于完全的人的神话。

我在陀思妥耶夫斯基的宇宙起源学说、在他的创世记里，把新的创造称为：自我诞生的神秘宗教仪式。我想尝试着把陀思妥耶夫斯基的一切禀性，笼统地说成他的神话：因为所有这些各不相同的、上百种变形的人，归根结底只有一个统一的命运，尽管经历不同，但结果是：蜕变成人。

所有的人都是一样的。作为真正的俄国人，他们自己的生命力使他们不安。在青春期的年月里，在情欲和脑力觉醒的岁月里，他们开朗、自由无羁的感官阴沉起来，他们模模糊糊地感到自己身上有股力量正在骚动，一股神秘莫测的力量正在催逼；不知什么拘囚着的、正在成长的、迸涌而出的东西想要突破他们尚未成熟的外壳。一场神秘的妊娠（这是新人在他们当中萌发，但是他们自己并不知道）使他们如在梦中。他们孤寂地坐在沉闷的房间里，在寂寞的角落里，"直到养成野性"，白天黑夜地思考自己的处境。多年来，他们往往在这种奇怪的僵坐状态中自省，他们就在这种几乎可说是佛教徒式的心灵物化状态中待着。他们低低地弯下身子冲着自己的肚子，想像女人似的在刚怀孕的几个月里谛听自己身上第二颗心脏的搏动。一切怀孕女人的神秘兮兮的状况，都落到他们自己身上：对于死亡的歇斯底里的恐惧，对人生心里发怵、病态的残忍欲望。

他们终于知道，已经孕育了一个新的想法，于是他们设法发现这个秘密。他们削尖了自己的思想，直到这些思想变得像外科医生的手术器械一样尖锐、锋利无比，他们剖析自己的状况，在狂热的谈话中剖析自己的压抑。他们挖空心思地用脑思考，直到脑子几乎发烧发狂。他们把他们所有的思想锻造成唯一的一个固定的思想，把这思想一直想到底，想到一个危险的尖端，到了他们手里就掉转头来直冲他们自己。基里洛夫、沙托夫①、拉斯柯尔尼科夫、伊凡·卡拉马佐夫，所有这些孤独的人都有他们的思想，无政府主义的思想，利他主义的思想，拿破仑世界霸权的思想。

他们在这病态的孤寂之中把这些念头酝酿成熟，他们要有一把武器对付从他们当中产生的新人，因为他们的骄傲要反抗他镇压他。其他的人又试图以受到刺激的感官来把这神秘的萌芽、这迫不及待的正在酝酿的生命的痛苦飞快地碾死。我们继续借用这个比喻：他们设法把这果实打掉，就像女人从楼梯上跳下来，或者力求用跳舞或者毒药，把这不受欢迎的孩子打掉。他们狂呼大叫，为了压倒他们体内这轻微流动的声响。他们有时毁了自己，只是为了把这萌芽消灭掉。在这些年里他们故意忘乎所以，他们酗酒、赌博、纵情欢娱，所有这一切都狂热进行，直到最后疯狂为止（否则他们也就不是陀思妥耶夫斯基笔下的人物了）。

痛苦促使他们作恶多端，不是产生随随便便的一点欲望而已。喝酒不是为了惬意和睡眠，不是德国式的饮酒，不是为了安然入睡，而是为了酩酊大醉，为了忘却他们的妄想。赌博不是为了赢钱，而是为了打发时间。放纵并非为了欢乐，而是为了在夸耀之中失去真正的分寸。他们想要知道他们是谁，于是他们寻找界限。他们想在过分炽热和突然冷却之中找到他们思想的边缘，尤其要认识他们自己的深度。他们在这种欲念之中熊熊燃烧，他

---

① 基里洛夫和沙托夫都是《群魔》中的人物，两人和彼得·斯捷潘诺维奇是三个价值追求迥异甚至对立的旗手和仆从，他们从不同侧面展示了主人公斯塔夫罗金的思想的发展历程。

们一直沉沦，却始终凝视心里的人。或者他们试图——既然他们并不认识自己，至少得自我证明一番。

科利亚扑倒在一列火车下，为了向自己证明他的勇敢；拉斯柯尔尼科夫谋杀了老太太……为了证明他那拿破仑的理论。他们干什么都过头，超过他们原来的愿望，只是为了达到感情的最远的界限。为了认识他们自己的深度、他们人性的尺度，他们纵身跳进每一个深渊：从肉欲跳到放荡，从放荡跳进残忍，又往下一直跳到它那最低下的终点，那冷冰冰的、没有感情的、精打细算的恶毒心肠。但是所有这一切，都是出于一种转变过的爱情，一种想要知道自己本质的欲望，一种转变过的宗教的妄想。从明智的清醒状态，他们跳进疯狂的回旋，他们精神上的好奇心，变成了感官的变态。他们的犯罪行为发展到亵渎儿童和谋杀行为。但是对于他们来说，只是为了表示他们的反感：意识到狂热悔恨的烈焰一直燃烧到他们疯狂的最低下的深渊。

但是他们在夸大情欲和思想之中冲得越远，就离自己越近；他们越想消灭自己，就越早赢回自己。他们悲哀的酒神节的欢宴只是一系列痉挛，他们的罪行只是自我分娩时的抽搐。他们的自我摧残只破坏了这内在的人的外壳，是最高意义上的自我拯救。他们越使劲，越缩成一团扭来扭去，就越发无意识地促进了出生。

因为只有在锥心刺骨的疼痛之际，新的生物才会来到这世上。一个异乎寻常的东西，一个陌生的东西，必须要出来，某一种力量必须在他们最艰难的时刻成为他们的产婆，善心——那最富人性的爱必须帮助他们。一种最极端的行动，能让他们所有的感官紧张起来。达到绝望境地的一种罪行，会得到新生，而每种诞生都处于致命的危机四伏的状态之中。人性能力的两种最极端的力量，死与生，一瞬间在内心交织在一起。

这就是陀思妥耶夫斯基的人性的神话。每一个人的混成一片的、阴沉模糊的、多姿多彩的我，孕育着真正的人（按照中世纪世界观的那个脱离了原罪的原始人），具有纯粹的神性。从我们身上文化人暂时的肉体中把这绝对永恒的人生下来，是最高的任务，也是最真实的尘世间的责任。每个人都怀孕了，因为生活并没有把任何人赶走，而是让他们生活在一个幸福的时刻，用爱情使每一个尘世的人都怀孕，但并不是每一个人都能把他的果实生出来。在有的人那里，这果实由于心灵的懒散而腐烂，它死去了，还毒死了此人。其他的人又死于临产时的阵痛之中，只有那孩子，那思想来到了世上。基里洛夫非自杀不可，为了能够一直保持纯真；沙托夫被人刺死，为了证明他的真理。

但是陀思妥耶夫斯基笔下的其他英勇人物——佐西玛长老①、拉斯柯尔尼科夫、斯捷潘诺维奇②、罗戈任、德米特里·卡拉马佐夫消灭掉了他们社交上的自我，以便像蝴蝶一样飞离，从爬行动物变成飞行动物，从泥土一样死沉的东西变成向上高升的东西。心灵障碍的坚硬外壳砸烂了，灵魂——最高人性的灵魂迸涌而出，涌向无边无际的地方。他们身上一切个人的东西、一切独特的东西全部去除，因此所有这些人物形象在他们大功告成的瞬间也就绝对相似。当阿廖沙这些人犯罪之后泪流满面地踏进新生活的阳光之时，阿廖沙几乎无法和佐西玛长老区别开来，卡拉马佐夫几乎无法和拉斯柯尔尼科夫区别开来。

陀思妥耶夫斯基所有长篇小说的结尾都是古希腊悲剧式的净

---

① 佐西玛长老是《卡拉马佐夫兄弟》中的人物。

② 斯捷潘诺维奇是《群魔》中的人物。

化、大规模的赎罪：在雷电交加的狂风暴雨和涤净寰宇的气氛之上是崇高的彩虹的光圈，俄罗斯式最高级的和解的象征正熊熊燃烧。

只有当陀思妥耶夫斯基笔下的人物从自己身上生下了纯洁的人之后，他们才走进了真正的集体之中。在巴尔扎克那里，当主人公控制住社会之后，他也就得胜了。在狄更斯那里，当他的主人公能够跻身社会阶层，挤进市民生活，建立家庭之后，平平安安地适应一个职业，他就算胜利了。陀思妥耶夫斯基的人物争取进入的集体，已不再是社会集体，而是一种宗教的集体，他不寻找社会，而是寻找世界兄弟会。

他所有的长篇小说谈论的都是这个最后的人：具有社会的特点，社会的中间阶层连同其半吊子的骄傲和变了样的仇恨都已克服，这个自我之人已变成大众人，他的心怀着无限的谦卑和炽热的爱，欢迎兄弟，欢迎纯正的人。这个最后的涤净的人不再知道区别，不再拥有社会的等级意识：他的灵魂赤身露体，如在乐园之中，没有羞耻，没有骄傲，没有仇恨，没有轻蔑。罪犯和妓女、凶手和圣人、公侯和醉鬼在他们生活的那个最低下、最真实的自我当中对话，所有的阶层融成一片，心对心、灵魂对灵魂。

只有这点在陀思妥耶夫斯基那里是有决定性的：一个人究竟真实到什么程度，才称得上是成功地变成了真正的人。这种赎罪、这种赢得自我是如何办到的，完全无所谓。谁若认识了，就理解了一切，知道"人的精神的法则正是如此未经研究，仍然神秘莫测，既不存在精通此道的医生，也没有可作最后判决的法官"，知道谁也没有罪过，要不就是大家都有罪，谁也没有资格作为法官审判别人，每个人都只是别人的兄弟。因此，在陀思妥耶夫斯基的宇宙里，没有彻头彻尾的堕落分子，没有恶棍，没有地狱，也没有但丁《地狱篇》中地狱的最底层，即便是基督自己也没法把判了刑的罪犯从那里救出。

陀思妥耶夫斯基只知道炼狱，知道干了坏事的人依然还比傲慢的人、冷漠的人、无可指摘的人更是一个心灵炽热的人，更接近真正的人，在那些傲慢、冷漠、无可指摘的人胸中，真正的人冷冻成市民的合法性。陀思妥耶夫斯基笔下的真正的人受过苦、遭过罪，因此对于苦难怀有敬畏，这也就是世上最后的秘密。谁若受过苦，便可通过同情成为兄弟，便不再害怕恐惧。因为他们只瞩目于内在的人，只瞩目于兄弟。他们拥有崇高的能力，他曾称之为典型的俄罗斯能力，他们不会长时间地仇恨，因此他们拥有一种对世上所有事情的无限的理解力。他们相互之间还往往争吵不休，还互相折磨，因为他们对自己的爱感到羞耻，因为他们把自己的谦卑看成软弱，他们还没有预感到这爱和谦卑是人类最有繁殖力的力量。但是他们内在的声音永远知道真实情况。当他们彼此恶言相向、互为仇敌的时候，他们内在的眼睛早已幸福地互相凝视，表示了解，想要互相亲吻。他们已经互相认识，这种兄弟相认的全面和解的神秘宗教仪式，这种灵魂的神秘合唱，是陀思妥耶夫斯基阴暗沉郁的作品中抒情的音乐。

（六）现实主义和虚幻妄想

对我而言，还有什么比现实世界更光怪陆离。

——陀思妥耶夫斯基

有人在陀思妥耶夫斯基那里寻找他的有局限的生存的真实情况，直接的现实世界：陀思妥耶夫斯基身上的艺术家也在寻找真实情况。陀思妥耶夫斯基是个现实主义者，并且如此彻底——他总是走到极限，找到各种形式和它们的对立面：和矛盾方面变得如此神秘地相似——这种现实世界让每一个习惯于中庸水平的寻常目光都觉得光怪陆离。"我爱现实主义直到它达到光怪陆离水平时为止，"陀思妥耶夫斯基自己说过："因为对我而言，还有什么能比现实世界更光怪陆离、更意想不到、更难以想象的呢？"真实情况并不是居于可能性之后，而是反对可能性的——人们发现这点在任何艺术家那里也没有比在陀思妥耶夫斯基那里更急迫的了。真实情况是超越一般目光、超越心理学上毫无装备的目光的视力敏感度之外的：就像没戴装备的眼睛在一滴水珠里可以看见清晰反射的整体，显微镜则只能看见混乱一片、挤来挤去的纤毛虫，同样，艺术家以更高级的现实主义认出的真实情况和显而易见的真实情况相比显得荒谬绝伦。

认出这种更高的或者更深的真实情况，它似乎就深埋在事物的表皮之下，非常接近一切生存的核心地点，这就是陀思妥耶夫斯基的激情所在。他同时既要认出作为整体的人，又要认出作为多种形态的人，随便一看就认出来，对准了光以后又认出来，因此他幻想中的、内心的现实主义，把显微镜的力量和千里眼的亮度结合起来，就仿佛通过一堵墙和法国人称之为第一现实世界的艺术和自然主义的东西分隔开来。因为尽管陀思妥耶夫斯基在他的分析中比任何自称为"彻底的自然主义者"的人（他们以此表明，他们是一直走到底的，而陀思妥耶夫斯基则是走到底后还要再往前走的）更加精确，走得更远，他的心理学却似乎来自独创性精神的另一种领域。左拉时代精确的自然主义直截了当地来自于科学。

福楼拜在他脑子的蒸馏瓶里蒸馏了巴黎国家图书馆里的两千册图书，为了给他的《圣安东的诱惑》① 或《萨朗波》② 寻找自然色彩。左拉在动笔写他的长篇小说之前，先要跑上三个月，像个新闻记者似的拿着笔记本，到交易所、百货公司和画室去，为了勾勒模特儿的形象，捕捉各种事实。现实世界对于这些世界的描摹者而言，是个冷凝的、可以测量的、公开袒露的物质。他们以摄影师清醒权衡、精密计算的目光观看所有的东西，他们这些冷静的艺术科学家收集、整理、糅合、蒸馏人生各种元素，进行一种化合和溶解的化学实验。

---

① 福楼拜的代表作，1849 年初稿，1856 年次稿，1872 年三稿，1874 年出版，跨越了 25 年，几乎贯穿作家的整个创作生涯。

② 《萨朗波》是福楼拜的一部历史小说，萨朗波是迦太基统帅阿米尔卡的女儿。

陀思妥耶夫斯基的艺术观察过程则相反，和妖魔性不可分开。倘若科学对于其他那些人是艺术，那么他的科学便是妖术。他从事的不是实验性的化学，而是现实世界的炼金术；不是天文学，而是灵魂的占星术。他不是一个冷静的研究者。作为一个热烈唤起幻想的人，他俯视人生的深处，犹如俯视一个妖气十足的惊悚之梦。可是慢着，他那跳跃式的幻觉比那种井然有序的观察要完美得多。他并不收集，却拥有一切；他并不计算，可他的尺度却没有差错。

他的诊断，那具有慧眼的诊断，在现象的热病之中就能抓住其神秘的根源，无须按事物的脉搏判断。在他的知识之中总有一种具有预见性的梦幻认识，在他的艺术中有一点魔力。只消一个符号，他已像浮士德似的抓住了世界；只看一眼，就制作出一幅图画。他用不着画出很多笔，不需要像小工似的去画细部。他用魔力作画。请思考一下这位现实主义者创造的宏伟人物：拉斯柯尔尼科夫、阿廖沙和费奥多尔·卡拉马佐夫、梅什金公爵，所有这些我们感觉得形象如此具体的人物，陀思妥耶夫斯基在什么地方描绘过他们呢？也许就用上两三行笔墨，就以一种绘画的速记法勾画出了他们的面孔。他谈起他们时仿佛只用一个提示符，描写他们的脸只用短短的四五句话，这就够了。

年龄、职业、地位、服装、发色、相貌，所有这些对于人物描写而言，看来如此重要的东西，完全用速写的形式记录下来。可是这些人物一个个都在我们的血液之中燃烧。现在请你用这魔幻的现实主义来比较一位彻底的自然主义者的精确描述。左拉在开始写作之前，先要开出长长的一张名单，记下他的全部人物，给每个人物都撰写一张确确实实的通缉令（今天还可以查阅一下这些奇特的文献），在每个人物跨进这部长篇小说的门槛之前，再给他写一张通行证。左拉把这个人物测量一下，身高多少厘米，记下他缺了几颗牙齿，数一数他脸上长了几个疣子，捋一捋他的胡子看它是硬是软，抓一抓他皮肤上的每个小脓疱，摸一摸他的指甲。左拉熟知他人物的嗓音和呼吸，探索他们的血液、遗产和债务，为了了解他们的收入，打开他们银行里的账户。他测量从外面能够测量的一切。可是等这些人物一旦活动起来，幻觉的整体性就此消失，人造的马赛克立即碎成上千块碎片。只剩下心灵上的东西，一个活生生的人就此不见。

这就是那种艺术的缺点：自然主义者在小说开始时精确描绘这些人物于他们安静不动之时，就仿佛在他们灵魂沉睡时描写他们：他们的画像只是毫无用处地忠于死人的面型。你只看见一个人，可是此人身上没有生命。但是正好在那种自然主义结束之时，陀思妥耶夫斯基无比壮观的自然主义这才开始。陀思妥耶夫斯基的人物只有在兴奋时、在激动时、在情绪高昂的状况下才变得形象生动。

那些作家试图通过肉体来表现灵魂，陀思妥耶夫斯基则通过灵魂来表现肉体。只有当他人物的激情把脸上的轮廓绷紧，眼睛因为感情而湿润，当市民阶层宁静的面具、灵魂的僵化从脸上脱落，目光才生动灵活。只有当那些人物内在的火焰熊熊燃起，陀思妥耶夫斯基这位富有想象力的作家才动手塑造他们。

因此陀思妥耶夫斯基作品里最初的描述中，轮廓一开始是阴暗的，有点像是阴影一般，这是故意的，并非出于偶然。读他的长篇小说犹如踏进一间暗室，只看见模糊的轮廓，只听见不清不楚的声音，却感觉不到这都是谁在说话。渐渐地，眼睛习惯了昏暗，便尖了起来：就像在伦勃朗的油画上，精致的灵魂的光线开始从一片深沉的阴暗中照进人的心里。只有当这些人物陷入激情之中，他们才走进光明。

在陀思妥耶夫斯基的小说中，人物必须先要内心燃烧起来，才会被人看见，他们神经必须绷紧，紧到快要扯断的程度才能发出声音："在他作品里，只有肉体围绕在一个灵魂四周，只有图像围绕在一股激情周围。"现在，人物仿佛都点燃了，他们身上奇怪的发烧状况已经开始——陀思妥耶夫斯基的人物全都处于活动的发烧状态——这时他的妖魔现实主义才起作用，那种对各种细节的魔术般的逐猎方才开始。现在他才挖掘细小的动作，挖出微笑，爬进乱七八糟的感情的曲里拐弯的狐狸洞穴里，紧跟他们思想的每一个脚印，直到无意识的阴影王国之中。每一个动作都形象鲜明地凸显出来，每一个思想都像水晶一样清澈，被追逐的灵魂越卷入到戏剧性之中，它们内心燃烧的火焰便越旺，他们的本性就越发变得透明。恰好是那些最把握不住的、最彼岸的状况，那病态的、催眠的、狂喜的、癫痫的状况，在陀思妥耶夫斯基笔下得到一种临床诊断似的精确描绘，一种几何图案的清晰轮廓。并不是最细小的差别就变得模糊，并不是最细小的颤动就逃过了他变得尖锐的感官的注意：恰好在其他艺术家遭到失败，仿佛被超自然的强光迷住了眼睛，而把目光移开的地方，陀思妥耶夫斯基的现实主义在那里就变得最为清晰可见。

正因为人物已经达到了他可能性的最大限度的极限，知识已经变成疯狂，激情已经变成犯罪，这些瞬间也就变成陀思妥耶夫斯基作品中最最令人难忘的幻象。我们不妨把拉斯柯尔尼科夫的形象唤进我们的灵魂之中，我们看见的他不是一个在大街上闲逛的，或者待在家里的人；不是一个二十五岁的年轻医学院的学生，具有这些或者那些特性的青年，而是在我们心里出现了他病态激情富有戏剧性的幻影，看见他如何两手发抖，额上冷汗淋漓，仿佛闭着眼睛偷偷地溜上房子的楼梯，在那里行凶杀人，在一种神秘的神智混乱的状况下，拉动被害者门上马口铁制成的门铃，为了再一次感性地享受他的痛苦。

我们看见德米特里·卡拉马佐夫[①]在审讯的炼狱中愤怒得火冒三丈，激动得唾沫四溅，用他疯狂的拳头把桌子砸得稀烂。我们总是看见陀思妥耶夫斯基的书中人物只有在极端激动时，在感情的终结点上才形象生动，就像莱奥纳多[②]在他超群出众的漫画里把人体的奇形怪状、肉体的反常现象刻画出来，恰好在这些怪相越过普通的形式显示出来之处，加以描绘。陀思妥耶夫斯基也是在激情高涨的瞬间抓住人的灵魂，仿佛就是在这个瞬间，人的身子向前弯曲，越过了他可能性的最极端的边缘。

中间状态就像每一场平局，每一个和谐，对此他都深恶痛绝：只有异乎寻常的、看不见的、妖魔似的东西才能刺激他的艺术家的激情，达到极端现实主义的程度。他是刻画不同寻常人物的最最不可比拟的雕塑家，他是艺术曾经碰到过的剖析敏感、病态灵魂的最伟大的解剖学家。

陀思妥耶夫斯基用来扎进他笔下人物心灵深处的这一神秘工具，就是语言。歌德描写一切都是通过目光。用眼观察一切，而陀思妥耶夫斯基则是用耳谛听一切——瓦格纳把他们两人的差异极为恰当地说了出来。陀思妥耶夫斯基首先要听他的人物说话，让他们说话，以便我们感到他们是看得见的人。梅列日科夫斯

---

① 《卡拉马佐夫兄弟》中老卡拉马佐夫的大儿子。
② 莱奥纳多即达·芬奇。

基①在对俄罗斯两位叙事文学作家所做的天才分析中，十分清楚地表达出来：在托尔斯泰那里，我们听见，因为我们在看；而在陀思妥耶夫斯基那里，我们看见，因为我们在听。

陀思妥耶夫斯基的人物只要不说话，就是影子和幽灵，只有语言才是潮湿的露水滋润他们的灵魂：他们像奇妙的花朵，在谈话中绽开怒放，显示他们的色彩及他们繁殖力旺盛的花粉，在讨论中他们激动起来，从他们灵魂的睡眠中醒来。我已经说过了，陀思妥耶夫斯基艺术家的激情这才冲向清醒的人，激情洋溢的人。他引诱他们从灵魂里说出话来，接着就去抓住灵魂。陀思妥耶夫斯基身上那种洞察细节的妖魔般心理学的犀利目光，说到底不是别的，只是一种前所未有的敏锐听力。

世界文学中，没有比陀思妥耶夫斯基的人物说出的话更加完美、更加形象生动的了。词序具有象征意义，语言的构造表示性格特征。没有偶然的东西，每个缺少的音符、每个掉落的声音全都有存在的必要。每一次停顿，每一次重复，每一次吸气，每一次结巴，都有其含义，听到说出来的句子总能听出暗藏的弦外之音。从陀思妥耶夫斯基作品中讲出的话，不仅知道每个人说了些什么，想说些什么，也能听出他有什么秘而不宣。

这种心灵谛听的天才现实主义，也完完全全表现在话语的神秘莫测的状况之中，表现在醉酒之后的胡言乱语中。从激动发热的演说的迷雾之中诞生出灵魂，从灵魂又渐渐结晶似的凝练出肉体。人们在阅读陀思妥耶夫斯基的作品时，一听到他的人物说话，就做梦似的预先看到他们。陀思妥耶夫斯基完全可以不必大

---

① 德米特里·谢尔盖耶维奇·梅列日科夫斯基（1865—1941），俄国19世纪末20世纪初最有影响的作家、诗人、文学评论家之一。1906—1914年主要居住在巴黎，死后葬在巴黎近郊。

费周章、图解似的描绘他的人物，因为我们自己将在被他话语催眠时变成幻想家。我想举个例子说明：在《白痴》中，那位老将军、那个病态的说谎者和梅什金公爵一同步行，边走边向公爵讲述他的记忆。他开始撒谎，越说谎越没边，最后自己完全陷了进去。他说啊，说啊，说啊，他的谎言一扯就扯了好几页。

陀思妥耶夫斯基并没有用一行文字来描写这位老将军的举止，但是从他说的话、他的跌跌撞撞、他的骤然停顿、他神经质的匆忙神气中，我感觉到他和梅什金并排向前走、他前后矛盾，我看到他抬头仰望，从旁边小心翼翼地看着公爵，看公爵是否怀疑他，我看到他停住脚步，暗自希望公爵会打断他的话头。我看到他的额上沁出了汗珠，看到他的脸起先如何热情洋溢，接着越来越因为害怕而不停抽搐，看到他缩成一团，就像一只害怕挨揍的狗。我看见公爵自己感觉到了那个撒谎的家伙所做的一切努力，把它们硬压下去。

这一切陀思妥耶夫斯基在什么地方作了描写呢？哪儿也没有，一行字也没写。可是我看见了他脸上的每一个细小的皱纹，清晰至极。在不晓得什么地方，藏匿着这位幻想家的秘诀。在人物的话里，在语调中，在音节的位置上，这种重述的艺术是如此富有魅力。即使通过不可避免的浓缩——文章每一次翻译成外文都会出现这种浓缩——他的人物的全部灵魂还在震颤。在陀思妥耶夫斯基的作品里，人物的全部性格也寄于他说话的节奏之中。

陀思妥耶夫斯基天才的直觉常常能够在一种微小的细节上，几乎只通过一个音节就能成功地做到这种压缩。当费奥多尔·卡拉马佐夫在信封上格鲁申卡①的名字旁边写上"我的小油瓶"时，我们就看见了这个年迈淫棍的脸，看见他糟糕的牙齿，口水就从他齿缝中流到他奸笑的唇上。在《死屋手记》中那个虐待狂少校在用木棍责打别人时叫着"打……呀，打……呀"，那么通过这个小小的省略号，他全部的性格——一幅急迫的图像、一阵贪婪的喘息、一双闪闪发光的眼睛、一张涨得通红的脸，以及藏着邪恶欲念的喘息都表现出来了。

陀思妥耶夫斯基使用的这些微小的现实主义的细节描写都像尖利的吊钩直扎进我们的感觉之中，毫无阻力地把我们拽进别人的经历里去。它们是他精挑细选出来的艺术手段，同时也是直觉的现实主义对纲领性的自然主义的最高胜利。但是陀思妥耶夫斯基丝毫没有恣意挥霍他的这些细节，在别人使用几百个细节的地方他只使用一个，但是他是用一种充满快感的狡猾诡计，节省这最后真实情况的小小的残忍的细节描写的。他恰好在最高的狂喜之际，在大家最意想不到的地方，用这些细节使人感到意外。

他总是用无情之手把苦涩的尘世生活的胆汁滴进狂欢极乐的酒杯之中。因为对他而言，现实而又真实的生活，便是反对浪漫主义和反对多愁善感。他希望，我们内心矛盾的享受，就和他自相矛盾的感觉一样，他在这里也不要和谐，不要调和。在他所有的作品中总有这些尖锐的内心分裂的状况，他就用撒旦似的细节把那些崇高的瞬间炸开，用他的平庸来讪笑人生的最神圣的东西。

我只提醒大家看看《白痴》的悲剧，让大家看见这样一种对

---

① 卡拉马佐夫父子同时追逐的一个美丽女子，是阿格拉费娜·亚历山大罗芙娜·斯维特洛娃的昵称。

照的瞬间。罗戈任谋杀了纳斯塔西娅·菲利波芙娜，然后去找他的兄弟梅什金。他在大街上找到梅什金，用手碰了碰他的这个兄弟。他们两个用不着互相交谈，可怕的预感已知晓一切。他们沿着大街走进那所房子，被谋杀的女人就躺在那里。人生中的两个敌人、感情上的兄弟俩迈步走进死者的房间。纳斯塔西娅·菲利波芙娜躺在那里，已经死去。我们感觉到两个人如今面对面地站在这个使他们彼此成为仇人的女人的尸体旁边将要说出最后的话。然后就谈到对话——天国所有的神灵都骇然失色，大为震惊。赤裸裸的对话凶残暴戾，极端世俗，魔鬼似的就事论事的腔调聪明绝顶，他俩首先谈的唯一内容是——尸体是不是会发臭！罗戈任的语气就事论事，尖刻地说道，他已经买了"优质的美国蜡布"，并且"在上面浇了四小瓶消毒液体"。

这就是我在陀思妥耶夫斯基的书中称之为虐待狂的、撒旦式的细节，因为在这里现实主义不仅仅是一个技巧上的窍门，因为它是一个形而上的复仇，是一种神秘的性欲快感的爆发，一种冷嘲热讽的失望之情的强烈流露。"四小瓶"！数字上的描写；"美国的蜡布"！可怕的细节的精确——这是故意破坏心灵的和谐，残忍地反抗感情的统一。他故意有意识地（他是个反浪漫主义者，反对多愁善感）把场景安排在平庸的环境之中。

肮脏的地窖酒店里弥漫着啤酒和烧酒的臭气，房间憋闷得活像狭窄的棺材，只用木板墙壁隔开，地点从来不是沙龙、饭店、宫殿、账房。他故意使他的人物外表上都"引不起人们的兴趣"。生肺痨的女人、衣衫褴褛的大学生、游手好闲之辈、挥霍成性的家伙、无所事事的懒汉们绝对不是社交场上的人物。但他恰好把当代最伟大的悲剧安排在这些平凡庸俗的日常生活之中。崇高之物就从这寒碜低下之物中冉冉升起。

在他的作品中，再也没有比外表冷漠和灵魂醉意之间、空间贫困和心灵挥霍之间的对照更具妖魔气息的了。酩酊大醉的人物在酒店的房间里宣布第三帝国的回归，他的圣人阿廖沙讲述着含义深刻至极的传说，这时一个妓女就坐在他的怀里，在妓院和赌场里，正展现使徒的使命，宣示善心好意，拉斯柯尔尼科夫的最崇高的场景。杀人凶手匍匐在地，在整个人类的苦难面前低头屈服。这个场景就发生在结巴的裁缝卡帕尔瑙莫夫家出租一个妓女的房间角落里。

像一股不停顿的交流电，冷或热，热或冷，但从来不会是不冷不热，完全本着《约翰启示录》的精神进行，他的激情贯穿他的人生，他投放那些激起的感情，从不安宁到不安宁。因此在阅读陀思妥耶夫斯基的长篇小说时我们从来不会歇息停顿，从来不会陷入和缓的音乐韵律似的阅读节奏之中。他绝不让我们平静地呼吸，我们总像遭到电击，心神不宁地直跳起来，更加炽热、更加急迫、更加不安、更加好奇地从一边跳到另一边。只要我们在他诗艺力量的掌握之中，我们就会和他本人相似。就像在他自己身上，在这永远的二元论者，这个身在矛盾的十字架上的人身上，就像在他的人物身上一样，陀思妥耶夫斯基也在他读者身上炸开了感情的协调一致。

可是等等——有一个问题必须需要回答——为什么陀思妥耶夫斯基的作品尽管反映的真实情况这样妖魔似的完美无缺，这个一切作品中最世俗的作品，给我们的印象却又超凡脱俗，虽说是作为一个世界，却是在我们世界旁边或者我们世界之上的一个世界？为什么我们内心有我们最深层的感情，可不知怎么去表示诧异？为什么在他所有的长篇小说中总燃烧着一点人造光线似的东西，里面还有幻觉和梦幻的空间？为什么我们总感觉他这位极端的现实主义者更像一个梦游者，而不像一个现实世界的描述者？为什么在他作品里尽管有那么多火气，那么多热力，却没有有益的阳光的温暖，而只有某种令人痛苦的北极光，鲜血淋漓，刺人眼睛？为什么我们感到这是曾经有过的最真实的生活的描述，却不知这并不是生活本身？不是我们自己的生活？

我试图来做出回答。进行比较的最高尺度对于陀思妥耶夫斯基而言，依然还不够，他的作品可以放在世界文学中最崇高、最不朽的作品中来加以衡量。对我而言，卡拉马佐夫兄弟的悲剧和俄瑞斯忒斯家①错综复杂的关系，在他的作品中与荷马史诗、歌德作品的崇高轮廓相比并不逊色。后面这些作品比陀思妥耶夫斯基的作品更单纯、更朴素，没有那么多的认识，不是那么前途光明。但是这些作品提出了解救感情的办法，而陀思妥耶夫斯基只是提供了认识。我想：这些作品不是这样富有人性，只是很有人性而已，这要归功于作者们思想的放松。这些作品在自己周围设立一个神圣的框架，里面是晴空万里，是滚滚红尘的世界，有草地和田野的芳香，有无边无际的星光闪耀。那受到惊吓的感情放松之后逃到星空中去，得到解放。在荷马的史诗里征战不断，人们互相嗜血屠戮，有几行这样的文字描绘：人们呼吸到大海带有咸味的风，希腊的银色光线照耀在这血腥的地方，感情幸福地认出人物之间激烈的战斗。和事物的永恒相比，这战争仅仅是小小不言的一阵妄想而已。大家吁了口气，从人性的沮丧中解脱出来。

便是浮士德，也有他的复活节日，他把自己的痛苦挥舞到裂

①　俄瑞斯忒斯，古希腊神话中希腊迈锡尼国王阿伽门农之子。阿伽门农的妻子与情人一起谋害了阿伽门农，俄瑞斯忒斯为此弑母，其家族关系极其复杂。

痕累累的大自然里面，把他的欢呼掷进世界的春天之中。在所有这些作品里，大自然都从人类世界解脱出来。陀思妥耶夫斯基的作品里没有风景，没有放松。他的宇宙并非这个世界，而只是人。他听不见音乐，看不见图画，对于风景感觉迟钝。他那对于人的深不可测、无法比拟的知识，是以一种对大自然、对艺术极为淡然的漠不关心作为代价取得的。

一切只是为了人性，有一种总嫌不足的沮丧。他的上帝只寄于灵魂之中，并不是寄于万物之中，他缺少那颗泛神论的谷粒，这颗谷粒使德国文学、希腊文学变得如此美满，如此使人心胸舒展。而陀思妥耶夫斯基的作品总是发生在不通风的房间内、烟熏火燎的大街上、烟雾弥漫的酒店里，里面是一股沉闷的、过于人性的空气，即使刮来天上的清风或是季节发生转变也不能使这空气清爽一些。

你们不妨在阅读他的伟大作品，他的《拉斯柯尔尼科夫》《白痴》《卡拉马佐夫兄弟》《青年》时都想一下，这些书中的故事都是在什么季节、在什么风景中发生的，是夏天、春天还是秋天？也许在书中某处做过交代，但是我们感觉不到。我们呼吸不到、品尝不到、觉察不到、体验不到。这些故事都是不知在心灵的什么阴暗之处、在脑子密不透风的空间里发生的，认识的闪电跳跃式地把它们照亮，没有星辰，没有花朵，没有寂静，没有沉默。大城市的烟雾熏黑了他们灵魂的天空。当他把目光从他自己和他的痛苦转向那没有感觉、没有激情的世界时，这些故事中找不到从人性解救出来的栖息地，也没有那种给人幸福的松弛的最好的东西。这是陀思妥耶夫斯基著作中影影绰绰的东西：他的人物像是从一堵苦难和黑暗组成的灰色的墙上衬托出来，他们并不是自由自在、清清楚楚地置身于一个现实的世界之中，而是存在于仅仅只有感情的无限的空间里面。他的星球是心灵世界，而不是大自然。他的世界只是人类。

尽管每一个人如此奇妙地真实，它的逻辑的机体如此毫无瑕疵，这个人类就其整体而言，在某种意义上也是不真实的：有些睡梦中人物的东西依附在他身上，他们走在无限的空间里，用着犹如影子的步态。但这并不是说他们不知在什么地方就不真实了，相反，他们比真实还真实。因为陀思妥耶夫斯基的心理学是一种毫无瑕疵的心理学。但是他的人物并不形象生动，而是看上去感觉起来都很高雅，因为他们都是用灵魂塑造的，不是用肉体。我们认识到的陀思妥耶夫斯基笔下的人物全都只是正在变化的和变化后的感情，由神经和灵魂组成的本性，看到他们时我们几乎忘记这血液流过了肉体。

他那长达两万页的作品里从未描写过他的人物当中有人坐、有人吃、有人喝，他们永远只是在感觉、在说话，或者在战斗。他们不睡觉（除非他们像先知似的做梦），他们不休息，他们总是在发烧，总是在思考。他们从来不像植物那样迟钝，他们永远都是活动的、激动的、紧张的，永远是清醒的，甚至是十分机警的，永远处于他们生存的最高级的状态。他们大家都拥有陀思妥耶夫斯基的心灵洞察能力，他们大家都是未卜先知者、心灵感应家、有幻觉的精神病人，全都是些神秘莫测的人物，全都浸透了心理学的科学，直到他们本质的最深层。

我们后来能回忆起来的只是——他笔下的大多数人物都置身于一般的平庸的生活之中，彼此都有矛盾，也和命运作对，只是因为他们互不了解，只具有一种世俗的理智。莎士比亚，人类的另一位伟大的心理学家把他一半的悲剧都建立在这种天生的无知之上，建立在这种黑暗的基础之上。这种黑暗像个灾难、像个绊脚石一样存在于人与人之间。李尔王怀疑他的女儿，因为他没有预感到他这个女儿有慷慨的情怀和伟大的孝心，虽然这种孝心藏在害怕之中；奥赛罗接受了雅各这个暗中挑唆之徒；恺撒喜欢他的凶手布鲁塔斯①……他们都沉溺于尘世中，沉溺于假象中。在莎士比亚的作品中，就像在现实生活中一样，误会和人世间的缺陷，成了有培育能力的悲剧力量，一切矛盾对立的源泉。而陀思妥耶夫斯基笔下的人物洞悉一切，他们不知道误会。每个人总像先知似的有预感，他们彼此之间彻底了解，直到最后的深处，他们在别人还没开口就已经把话从他嘴里吸了出来，把思想从感觉的娘胎里掏了出来。没有意识到的、意识得不充分的东西，在他们那里都得到发展，他们大家都是先知，都是预见者和幻想家，从陀思妥耶夫斯基那里满载着他自己的神秘存在着。

我要举出一个例子，把这事说得更加明确一些。就是纳斯塔西娅·菲利波芙娜被罗戈任杀害这件事，她从看见罗戈任的第一天起、和他在一起的每个小时，就知道罗戈任要杀她，她就躲开了。可她又逃了回去，因为她渴求她自己的命运。她甚至在几个月前就预先认出了将要扎穿她胸口的刀子。罗戈任也知道这事，他也认识这把刀子，同样梅什金也知道。有一次，梅什金在谈话中偶然看见罗戈任在摆弄这把刀子，他的嘴唇都颤抖起来。同样，在费奥多尔·卡拉马佐夫被谋杀的事情上，不可能知道的事情大家全都意识到了。修道院长老佐西玛屈膝下跪，因为他嗅到了罪行，甚至善于嘲讽的拉基京也能解释这种信号。阿廖沙亲吻他父亲的肩膀，和他父亲告别，他感觉自己再也见不到他的父亲

---

① 布鲁塔斯是晚期罗马共和国的一名元老院议员，还有一种说法是恺撒的私生子。因为恺撒建立独裁统治的趋势日益明显，布鲁塔斯为了挽救罗马共和政体，与一部分人策划了刺杀恺撒的行动。

了。伊凡为了不当这犯罪的证人会前往切尔玛施尼亚，邂逅鬼斯乜尔加科夫①笑吟吟地向他预告这件事。大家都知道这事，凭着一大堆预见性的认识知道了这事的日期、时间和地点，这些认识头绪过于纷繁，听上去不大可能。可他们大家都是先知，深知实情，全都明白一切。

这里大家又在心理学上认出了那种对于艺术家而言，一切真实情况的双重形式。尽管陀思妥耶夫斯基比他任何前人对于人认识得更深，但是莎士比亚作为了解人类的人，还是比他更胜一筹。莎士比亚认识人生的复杂性，把平庸低下、无足轻重的东西放在宏伟壮丽的东西旁边，而陀思妥耶夫斯基则把每一个人都提升到无限的境地。莎士比亚认识肉体的世界，陀思妥耶夫斯基则认识精神的世界。他的世界也许是世上最完美的幻觉，是灵魂的一个深沉的先知先觉的梦，一个超越现实世界的梦：脱离了自己进入光怪陆离之中的现实主义中。超级现实主义者陀思妥耶夫斯基，一切界限的超越者，他没有描写现实世界：他是把现实世界拔到比自己更高的地方去了。

这就是说，世界从这里、从内部，单从灵魂、艺术中塑造出来，从内部联结起来，从内部得到拯救。这种艺术，是一切种类中最最深刻、最富人性的一种。在文学上前无古人，无论在俄国还是在世界任何地方都没有祖先。这个作品只在远方有自己的兄弟。这种痉挛和困苦，在强大无比的命运手中弯腰曲膝地经历过的这种极度的痛苦，有时使我们想起古希腊的悲剧作家，通过心灵的神秘的、石头般的、难以排解的悲哀，有时使我们想起米开朗琪罗。

---

① 小说《卡拉马佐夫兄弟》中最复杂的人。

但纵观古今，陀思妥耶夫斯基真正的兄弟乃是伦勃朗。他们两个都出生于一个充满贫苦、匮乏、蔑视的环境，为尘世生活所摒弃，受金钱奴仆的鞭打，堕入人性生存的最低层。他们两个都知道对比的创造性的意义，黑暗与光明之间的永恒的争吵，知道再也没有比灵魂的神圣的美更深邃的美，这种美生存在了无诗意的状态之中。就像陀思妥耶夫斯基从俄国的农民、罪犯和赌徒之中塑造他的圣人，伦勃朗也用码头小巷的模特儿塑造他的《圣经》中的人物；两个人都觉得有某种神秘的新的美隐藏在人生的最低下的形式之中，两个人都在民众的人渣当中找到他们的基督。他们两个人都知道，人世间的各种力量不断地各自作用和反作用，知道光明和黑暗的交互作用，它同样强大地存在于有生命之物和富有情感之物中，无论是这里还是那里，一切光明都取自生活的最后的黑暗。越往伦勃朗画作和陀思妥耶夫斯基著作的深处去看，越能看清尘世和精神的各种形式的最后秘密，挣脱出至高无上的人性。

（七）建筑学与激情

无大爱者，
方爱尺度！

——艾蒂安·德·拉波哀西[①]

"你把一切都一直推到激情迸发的地步。"纳斯塔西娅·菲利波芙娜的这句话一直打入到陀思妥耶夫斯基笔下所有的人物，尤其是陀思妥耶夫斯基自己的灵魂之中。这位强劲有力的人只能激情满怀地面对生命的诸般现象，因而尤其最为激情洋溢地面对他最为激情洋溢的爱：面对艺术。不言而喻，创造性的过程、艺术上的努力在他身上并不是一种安安静静地、有条有理地建造过程，冷静计算地建筑学上的努力。陀思妥耶夫斯基是在热病中写作，就像他在热病中思考、热病中生活一样。

在他的手下，文字宛若变成流动不已的小巧珠链（他和一切

---

① 艾蒂安·德·拉波哀西（1530—1563），法国作家、杰出的人道主义者，早期资产阶级民主主义思想家，他的《自愿奴役论》是一篇公开反对暴政的战斗檄文，认为既有的尺度乃是上帝和暴政所制定，用以限制民众。

性情急躁的人一样，字体匆忙，龙飞凤舞）流过纸张，太阳穴上脉搏的节奏加倍。对他而言，创作便是狂喜、痛苦、心醉神迷，犹如身遭雷击，是一种提升到痛苦的快感、一种提升到快感的痛苦。二十二岁的陀思妥耶夫斯基"流着眼泪"创作他的处女作《穷人》，从此以后，每部作品的创作过程都是一次危机，他都要生一场病。"我神经质地写作，痛苦不堪，满是忧愁。我要是使劲写作，身上也会害病。"的确，癫痫症——他的神秘的疾病，也以它那热病似的发炎似的节奏，带着它朦胧阴沉的心理障碍闯了进来，一直闯入他作品精微至极的震颤之中。可是，陀思妥耶夫斯基总是全身心地投入创作，怀着歇斯底里的狂怒。即便是他作品中最微小的，似乎是可有可无的部分，譬如，报刊文章，也都是在激情的熔炉里锻造和冶炼而成的作品。他从不用他创造力中用剩下来的、可以随意打发的部分来写作，就仿佛一切信手拈来，不费吹灰之力。他总是把全部能激发起来的体力都灌注到事件之中，直到他生命的最后一根神经都在他创造的人物身上受苦或表示同情。他所有的作品都仿佛是爆发性的，在疯狂的闪电霹雳之中，通过一阵巨大的大气压力冲刷出来。陀思妥耶夫斯基不可能在自己内心没有参与的情况下进行塑造，那句关于司汤达的名言也适用于他："Lorsqu'il n'avait pas d'é motion, ilé tait sans esprit."[①] 陀思妥耶夫斯基若无激情，也就不能成为诗人。

但是激情在艺术中既是破坏性的元素，也是塑造性的元素。它只是将各种力量混乱一团，清澈的精神才能从中整理出永恒的形式。所有的艺术都需要骚动不安作为塑造的动力，但是同样也需要一种优越的、慎重的安宁进行衡量，达到一种完成。陀思妥

---

① 法文，意为"他若不动感情，也就没有灵感。"

耶夫斯基的强大的、像钻石一样刺透现实世界的精神很清楚地知道，笼罩在伟大艺术品周围的那种大理石般的、钢铁般的冷凝。他热爱并且崇拜宏伟的建筑结构，他草拟了华丽的尺度、崇高的世界图形秩序，但是激情如炽的感情一再泛滥，没过基础。陀思妥耶夫斯基作为艺术家，试图客观地创作，待在外边只是叙述、只是塑造、只是当个叙事文学作家，报告各种事件，分析各种感情，但是徒然。

他在受苦和同情的激情不容反抗地一再把他拽进自己的世界里。即使在陀思妥耶夫斯基完美的著作里，总还保留着一点初始的混乱，从未达到过和谐（那个暴露自己最秘密思想的伊凡·卡拉马佐夫这样叫道："我憎恨和谐。"）。即使在形式和意志之间也没有和平，没有平衡，而是——他本质的永远的二重性，突破一切形式，从冰冷的外壳，直到炽热难耐的内核——在里外之间不断地斗争。他本质永恒的二元论在叙事作品中就叫建筑学和激情之间的斗争。

陀思妥耶夫斯基在他的作品中从未达到过把人们用专业术语称之为"叙事报告"① 的东西，那宏伟的秘密、那动荡的事件在平静的表述之中予以降服。这个秘密从荷马到高特弗里特·凯勒和托尔斯泰，以无限循环从大师到大师代代相传。陀思妥耶夫斯基激情如炽地塑造他的世界，只有在你激情澎湃、兴奋异常之际才能享受这个世界。我们经历他笔下人物的危机在血液之中，犹如一种疾病，人物的问题在我们被激起的感情中犹如炎症在烧灼般地疼痛。他用我们所有的感官把我们浸入它燃烧的气氛里，把我们推向灵魂深渊的边缘。我们站在那里，头晕目眩，呼吸断断

---

① 德文，原文为 "ider epische Vortrag"。

续续。只有当我们的脉搏和他的脉搏一样狂奔，我们自己也陷入这妖魔般的激情之中，只有这时，他的作品才完全属于我们，我们才完全属于他。

不容否认，不容掩饰，不容美化，陀思妥耶夫斯基和读者的关系并不是朋友关系，没有亲切友好舒适愉快，而是一种不和睦的关系，充满了危险、残忍、情欲的本能。这是一种男女之间激情如炽的关系，不像在其他诗人和读者之间的友谊和信任的关系。陀思妥耶夫斯基的两个同时代人——狄更斯和高特弗里特·凯勒，用柔声细语的说服、富有音乐性的诱惑把读者带进他们的世界，亲切地和读者谈天说地，引入发生的事件。而陀思妥耶夫斯基这个激情如炽的人却想完全占有我们，不仅激起我们的好奇心和我们的兴趣，还渴望拥有我们整个灵魂，甚至我们的身体。

起先他把内在的气氛充上电，十分巧妙地提高我们的敏感性，然后使用一种催眠术使我们丧失意志，屈从于他激烈的意志：他像一个驱邪的巫师，模糊不清地喃喃自语，没完没了，毫无意义，用长篇对话蒙住我们的感觉，用秘密和暗示使我们整个身心都开始关注。他不能容忍我们过早就表示听从，他怀着快感，故意延长这准备阶段的折磨，不安的心情开始在我们心里轻轻地翻腾，但是他一再拖延，插入新的人物，展开新的图像，让我们一时看不见发生的事件。他迷恋情欲，精通此道，情欲旺盛，以魔鬼似的意志力阻止我们委身于他，从而提高内在的压力和气氛的敏感性（在《罪与罚》中，在所有这些无谓的心灵状况都为拉斯科尔尼科夫的谋杀预做铺垫之前拖了多长时间啊，可是我们的神经早已预感到可怕的事情就要发生）。但陀思妥耶夫斯基狡黠异常，尽情延宕他那情欲的快感，从而为之陶醉，把细小的暗示像尖针儿似的扎在皮肤上给以刺激。陀思妥耶夫斯基撒旦似的放缓速度，还把一连好几页神秘的妖魔般的无聊文字放在他的宏伟壮观的场景前面，直到他在这个敏感的人（别人对这些事毫无感觉）身上产生一种精神上的热病、一种肉体上的痛苦为止。只有当感情已经在胸中滚烫的锅里沸腾，将要炸掉墙壁的时候，他才举起一柄铁锤，敲击你的心，然后那些崇高的瞬间之一才会颤动着击落，就像一阵闪电从他作品的天空把解救引到我们心脏的深处，只有当紧张情绪忍无可忍，陀思妥耶夫斯基才撕裂那叙事的秘密，把绷紧的感情解开，化为温柔缠绵、汹涌澎湃、泪眼欲滴的感情。

陀思妥耶夫斯基就这样充满敌意，这样充满情欲快感，这样极端巧妙、激情四射地包围和拥抱他的读者。他不是在角力时把读者摔倒，而是像个杀人犯似的，一连几小时绕着他的受害者转来转去，然后突然一刀，在猝不及防的瞬间戳穿读者的心脏。他采用的是一种爆炸性的技术：他不是像打零工似的，一锹一锹地把马路挖到他的作品里去，而是从内部向上，用一种凝固到最小的力量，炸开世界，炸开那获得解救的胸膛。他的准备工作完全是在地下进行的，对于读者而言，仿佛是一场阴谋诡计，一次疾如闪电的突然袭击。尽管我们感到正在走向一场灾难，但我们永远也不知道，他在哪些人物身上埋了地雷，从哪个方面、在什么时候发生爆炸。

每个人物都有雷，每个人物身上都带着激情的火柴。但是谁点燃接头的地方（譬如，这么多人，大家内心都怀有歹毒的念头，可是谁杀死费奥多尔·卡拉马佐夫），谁都不确定，直到最后时刻，因为陀思妥耶夫斯基让大家都有所预感，可是对他的秘密却是讳莫如深。大家永远只感到命运像个鼹鼠似的在人生的表面之下挖掘，感觉到地雷一直推进到紧挨着我们心脏的下面，在无限的紧张状态中干耗着，渴望着，直到那些微小的瞬间像一道闪电劈开压抑的气氛。

为了这些微小的瞬间，为了情况变得闻所未闻的紧凑，叙事作家陀思妥耶夫斯基的描述需要一种迄今为止无人知晓的张力和宽阔。只有一种纪念碑似的雄伟艺术可以达到这样的强度、这样的集中，只有一种具有史前世界的宏伟和神秘冲击力的艺术才能做到这点。在这里宽阔并非唠叨饶舌，而是建筑需要：就像为了筑起金字塔的塔尖，需要铺就其大无比的地基，同样在陀思妥耶夫斯基的长篇小说中，需要有强大的体积，才能达到高潮的尖端。的确，他的长篇小说就像他故乡的巨大江河伏尔加河、第聂伯河一样汹涌澎湃地浩浩荡荡地奔流。在所有这些长篇小说中，都有一种浩荡如江河般的东西，波涛汹涌地挟着人生的大量内涵缓缓流过——在几千张几万页上面，这些长篇小说有时漫过艺术塑造的岸边，卷走许多政治上的卵石和论战上的碎石——有时候灵感稍稍减弱，它们也会展现宽阔的沙地。水流似乎停息。故事中的事件走走停停，艰难地绕过曲折混乱的地段，向前挪动，在谈话的沙滩上停顿几个小时，直到它又重新找到自己激情的深处和蓬勃的活力。

接着在大海近处，在靠近无边无际的地方，突然涌现那些闻所未闻的急流险滩，宽阔的叙述汇成惊险的旋涡，书页似乎快速飞去，速度快得令人瞠目结舌，灵魂被裹挟，宛如飞箭坠落感情的深渊。你似乎已感到深渊近在咫尺，水流落下如雷轰鸣，全部沉重的、浩浩荡荡的辽阔江水突然变得泡沫飞溅，速度惊人，叙述的洪流仿佛被激流像磁石一样地吸引，喷涌而去，我们自己也不由自主地更加迅速地阅读书页，仿佛怀着一些击碎的感情，突然跌进事件的深渊之中。

这种感觉就仿佛人生的极大一笔款项就用一个数字表现出来，这种极端集中的感觉充满痛苦，同时也使人晕眩。陀思妥耶夫斯基自己也有一次称之为"高塔的感觉"——这种神圣的神经错乱，俯身朝向自己的深渊，享受预感致命下坠的幸福——这种极端的感觉，在你体验生命之时也感到了死亡，这也一直是陀思妥耶夫斯基宏伟的叙事金字塔的看不见的尖顶。也许所有这些长篇小说写出来只是为了这些瞬间而已。陀思妥耶夫斯基创造了二三十个这样宏伟壮观的段落，全都具有不可比拟的激情凝聚的猛烈撞击，使得一个读者不仅在读第一遍时（那时是毫无戒备地受到突击），而且在第四次或者第五次重读时，也都像有一股喷出的火舌，一直射进心里。总是在这种时刻，全书所有的人物都集中到一个房间，总是所有的人物在这时都固执到了极点。

所有的大街，所有的江河，所有的力量都着了魔似的聚到一起，就凭一个手势、一个动作、一句话又都散开。我想起了《群魔》中的一个场面，沙托夫的一记耳光，这"干脆的一击"扯开了秘密的蛛网，就像在《白痴》里纳斯塔西娅·菲利波芙娜把十万卢布扔进火里，或者想起《罪与罚》和《卡拉马佐夫兄弟》中的那些忏悔。在他艺术的这些最高的、已经不再是题材的，而是在完全基础的时刻，建筑和激情完全彻底地结合起来。只有在快感之中陀思妥耶夫斯基才是一个统一的人，只有在这些短暂的瞬间他才是十全十美的艺术家。但是这些场景在艺术性上是个胜利，因为只有回头再读时，人们才觉察到，作者是以一种多么天才的算计把所有的攀登引向这一高潮。一个非同寻常的方程式如何把千位数乘千位数得出的数化解成为最小的数，感情也变得心醉神迷。这是陀思妥耶夫斯基最大的艺术秘密，他所有的长篇小说都层层高筑，直到这样的尖端。感情的全部带电的气氛都聚集在这些尖端，以正确无误的准确性接受命运的闪电。

还需要特别指出这种独一无二的艺术形式的起源吗？这种艺术形式在陀思妥耶夫斯基之前无人拥有，也许以后也永远无人会在这样的程度上拥有它。难道还需要说明，把全部生命的力量化为几秒钟，其实就是他自己的人生，他那妖魔似的疾病，幻化成艺术的显而易见的形式？从来也没有一个艺术家的苦难像患有癫痫症更有收获的了，因为在陀思妥耶夫斯基之前，在艺术中从来没有见过生命充溢的力量，以类似的方式集中起来拘囚在这最狭小的空间和时间的尺度之中。他曾经蒙上双眼，站在谢缅诺夫斯基广场上，在两分钟之内把他已经度过的整个一生重温一遍。每次癫痫病发作，在摇摇晃晃、脚步踉跄、硬生生地从椅子上摔到地上去的这一瞬间里，幻想似的游遍了若干世界——只有他才能做到，在核桃壳这样小的时空里安排好诸多事件组成的一个宇宙，只有他才能把这种爆炸性的瞬间发生的不可能之物，像这样通过魔术似的逼进现实之中，以致我们都觉察不到这种克服空间和时间的能力。

他的作品是集中心神的真正奇迹。我只想起一个例子，当我们阅读《白痴》时，在长达五百多页的第一卷里，混乱的命运已经注定，几个灵魂乱成一团，许多人物在内心已被激活。我们和他们一同逛大街，在屋里坐着，偶尔沉思一下。我们发现，这头绪纷繁、无比众多的事件就在不到十二小时的时间之内发生，从清晨到午夜。同样，卡拉马佐夫兄弟的奇幻世界也只集中在几天之内，拉斯柯尔尼科夫的世界也凝结在一周之中——这样凝练压缩的杰作，叙事文学的作家还从来没有达到过，即使毕其一生之力也只有在极为罕见的瞬间才能达到。只有俄狄浦斯①的古希腊悲剧把整个一生和过去几代人的一生都压缩在从中午到晚上这一狭小的时间段里，才有这种从高处到深处的疯狂跌落，也有这种灵魂风暴涤荡一切的力量。没有一部叙事文学的作品可以和这种艺术相比拟，因此陀思妥耶夫斯基在他宏伟壮丽的瞬间总显得像个悲剧作家，他的长篇小说就仿佛是周身包裹、蜕变之后的戏剧；归根结底，卡拉马佐夫兄弟的精神就仿佛取自古希腊悲剧的精神，他们的肉体是莎士比亚的肉体。在他的长篇小说里面，硕大的人，毫无抵抗能力，显得渺小无比，赤条条地置身于命运的悲剧苍穹之下。

奇怪的是，在从高处往低谷跌落的这些激情如炽的瞬间，陀思妥耶夫斯基的长篇小说也突然失去它那叙述的特性。叙事的单薄的外罩，在感情的炽热之中熔化、蒸发；剩下的只是苍白的白热化的对话。在陀思妥耶夫斯基的长篇小说中的那些出色的场景全是赤裸裸的戏剧对话，完全可以把它们搬上舞台，一个字也不用删，每个人物形象都裁剪得如此妥帖，伟大长篇小说汹涌宽阔的内容，在这些人物身上就这样凝练成戏剧化的瞬间。陀思妥耶夫斯基身上的悲剧感，总是促使最终了结的到来，导致强劲有力的紧张情绪产生，导致闪电似的情感最终爆发，在这些高潮迭起的时刻，他的叙事的艺术品似乎彻彻底底地转变成戏剧的艺术品。

毫无疑问，那些会巴结的戏剧工匠和马路上的戏剧家们，早在语言学家之前就首先发现这些场景里有什么东西具有戏剧的说

---

① 俄狄浦斯是西方文学史上典型的悲剧人物，他是希腊神话中忒拜国王拉伊奥斯和王后约卡斯塔的儿子，在不知情的情况下杀死了自己的父亲并娶了自己的母亲，最后用胸针刺瞎了自己的双眼。

服力，或者说是舞台上的说服力，他们迅速采用《罪与罚》《白痴》和《卡拉马佐夫兄弟》炮制了几个结结实实的剧本。这里得到证明，外部企图从陀思妥耶夫斯基人物的肉体和命运来把握他们，把他们从自己的氛围、从灵魂世界来加以提高，从和谐的敏感性的孕育阵雨的气氛中拔出，然而这些尝试统统遭遇了可悲的失败。这些人物犹如剥光树皮的树干，赤身露体，无声无息，和生动活泼地喃喃低语、沙沙作响的树梢相比，那些树梢冲到天顶，每个树梢都以成千条神秘的神经纤维根植在叙事的土壤之中。

陀思妥耶夫斯基的心理学并不适合强烈的舞台灯光，它嘲笑它的"加工者"和简化者。因为在这个叙事的阴曹地府，有着神秘莫测的心理接触，深层暗流和细微差别。不是用看得见的手势，而是用成千上万个别的暗示在他那里组成并塑造了一个形象，除了这种灵魂的网络，还有那些比蛛丝更加纤细的东西。为了感觉这种仿佛是在皮肤下面流淌的叙述的滚滚暗流，大家不妨试读一部陀思妥耶夫斯基的长篇小说的法文删节版。这个版本中似乎什么也没缺少，事件一帧帧迅速地滚动，书中人物似乎显得更加灵巧、更加集中、更富激情。可是怎么搞的，这些人物怎么显得贫乏了许多？他们的灵魂缺少那种彩虹般的光泽，他们的气氛缺少那种闪闪发光的电花、那种紧张气氛的灼热，也只有在爆发时才变得那样可怕，那样使人感到舒畅。

不知什么东西遭到了破坏，并且没法重新弥补，好像是一个魔力圈。恰好从这些删节和戏剧化的尝试中，让我们认识到陀思妥耶夫斯基作品的铺排扩展的意义，他那似乎扯得太远的笔法目的何在。因为那些细小的匆匆一笔带过、仿佛信笔添加上去的暗示似乎纯属偶然而又多余，可是在一百页或几百页之后都有呼应。在叙述故事的表面下铺设了这些暗中接触的线路，继续传递信息，交换神秘的感情反映。他有一些心灵的密码，极为微小的生理上和心理上的暗号，其含义只有在读第二遍和第三遍时才显现出来。

没有一个叙事作家拥有这样让人心烦的叙事体系，在发生的事件骨架下面，在对话的皮肤下面，有一个这样埋入地下的错综复杂的情节。可是，还无法把这称作体系：这种心理学的过程只能和人的似乎恣意妄为和人的神秘莫测的秩序相比较。当其他的叙事艺术家，尤其是歌德，似乎更多的是模仿大自然而不是模仿人，让读者去有机地享受事件，犹如享受一种花木；形象地享受事件，犹如享受一片风景。而读者阅读陀思妥耶夫斯基的一部长篇小说，犹如邂逅一个深邃出奇、激情如炽的人。陀思妥耶夫斯基的艺术作品尽管永垂不朽，却是超越尘世，难以估量，神秘莫测，犹如灵魂在身体的范围之中，在艺术的形式之中是难以比拟的。

但这绝不是说这些长篇小说本身都是十全十美的艺术品，它们远远不及有些较为贫乏的作品，这些作品牵动的圈子更为狭小，要求更为朴素。这位漫无节制的人可以达到永恒，但不会模仿。陀思妥耶夫斯基的这种焦躁不安，从他艺术的悲剧引回到他人生的悲剧之中。因为他为生活所迫匆忙写作，催得太急，他无法把这些作品写得尽善尽美，这点他和巴尔扎克一样，是外在的命运使他如此，而不是他天生的草率从事。

大家不要忘记，这些作品是在什么情况下产生的——整部长篇小说都已卖给了人家，而陀思妥耶夫斯基还在写第一章呢。每篇文章都是从一次预支稿酬到再一次预支稿酬，匆忙奔跑。"像一匹拉邮车的老马"写个不停，匆忙遁逃，跑遍全世界，有时根本没有时间和安宁做最后的加工，他这个知情者中的最知情者也知道这一点，他感到这样做像一种罪过。他十分恼火地大声叫道："但愿他们知道，我是在什么状况下写作的。他们要求我提供毫无瑕疵的杰作，而我是在饥寒交迫、走投无路的困境中被迫匆忙写作。"他诅咒托尔斯泰和屠格涅夫，他们舒舒服服地坐在自己的庄园里，可以字斟句酌地来回推敲，他妒忌他们。他自己丝毫也不害怕贫穷，但是这位艺术家被贬抑成为写作的无产者，就怒不可遏地反抗"地主老爷的文学"。

出于不可抑制的艺术家的渴望，陀思妥耶夫斯基希望自己有朝一日也能安安静静地写作，力争写得完美无缺。他作品中的每个错误他都知道，他知道他每次癫痫病发作之后，精力肯定涣散，艺术作品松弛的外壳仿佛封闭得不再严密，可有可无的东西便乘机渗入。他的朋友们或者他的妻子在他朗读手稿时，往往不得不提醒他在疾病发作之后脑子混沌之时，由于严重失忆而忘记了很多东西。

这个无产者、这个拼命写作的打短工的苦力、这个预支稿酬的奴隶，在落魄潦倒、穷途末路之际还接二连三地写了三部卷帙浩瀚的长篇小说，他在内心深处是个最最自觉的艺术家。他狂热地喜爱金饰匠的工作，专心创造着出神入化的金丝镂刻的杰作。在艰难岁月的皮鞭驱打之下，他还一连几小时精心润色和百般琢磨一页页稿子，两次毁掉《白痴》，尽管妻子正在挨饿、接生婆的费用还没有支付。他那力求完美的意志无穷无尽，但是穷困也无穷无尽。于是，最强劲有力的两大势力——外在的压力和内心的压力又在争夺他的灵魂。即使作为艺术家，他也是伟大的两重性的分割者。就像他身上的人永远渴求和谐安宁，他身上的艺术家也永远渴求力臻完美。无论在这里还是在那里，他都双臂断裂地被吊在命运的十字架上。

即便是艺术这绝无仅有、独一无二的东西，对这个钉在矛盾的十字架上的人而言也不是救赎，艺术对他而言也是痛苦、骚动、匆忙和逃亡，艺术对于这个无家可归的人也不是故乡。促使他去进行创造的激情，也迫使他越过完美的界限。便是在这里，他也被驱赶得越过完美，趋向永无止境的地方。他的长篇小说的宏伟建筑，以其中断了的、未能建造到底的高塔（因为无论是《卡拉马佐夫兄弟》还是《拉斯柯尔尼科夫》都预告有个第二部，可是从未写成）一直高耸到永恒疑问的云霄之中。我们不要再称它们是长篇小说，不要再用叙事的尺度来衡量它们：它们早已不再是文学，而是不知何时变成了一则关于新人神话的秘密开端，一则具有预言性的前奏曲和序曲。

和他那些显赫的俄罗斯祖先一样，陀思妥耶夫斯基也感到艺术是人对上帝忏悔的桥梁。我们可以回忆一下：果戈理写作《死魂灵》后就抛弃了文学，变成了神秘主义者、新俄罗斯神秘莫测的使者；托尔斯泰六十岁诅咒艺术，包括自己的艺术和陌生的艺术，变成了仁慈和正义的福音传教士；高尔基放弃了荣誉，变成了革命的宣告者。而陀思妥耶夫斯基直到生命的最后时刻都没有放下手中的笔，但是他塑造的早已不再是世俗狭隘意义上的一部艺术品，而是新俄罗斯世界的某一则神话、一种关于世界末日的宣示，阴暗而又令人困惑。正因为后者只可预感，不能被浇铸成非永恒的形式，它们才是通往人性的完美道路。

（八）边界的跨越者

传统是横亘在往日种种和现在之间石头的界限：谁若想进入未来，必须跨越这条界限。因为大自然不愿只停留在认识上面。尽管大自然看上去似乎要求秩序，它喜欢的却只是为了建立新的秩序而破坏旧秩序的人。它在创造个别人时，由于夸大了他们自己的力量，只创造了那些征服者。他们从自己灵魂熟悉的国度驶入陌生的阴暗的海洋，达到心灵新的地带、精神新的领域。没有这些大胆的跨越者，人类将拘囚于自己的天地里，人类的发展将是一个圆圈行动。没有这些伟大的使者——在他们身上，人类似乎赶到自己前面去了——每一代人都不会知道自己的道路。没有这些伟大的梦想家，人类不会知道自己最深的含义。并不是那些心平气和的认识者、故乡的地理学家，扩展了世界，而是这些亡命之徒越过无人知晓的汪洋大海，驶向新印度；并不是心理学家们和学者们认识了埋在深处的现代的灵魂，而是诗人当中那些漫无节制的人、边界的跨越者们做到了这点。

在文学的这些伟大的边界跨越者当中，在我们的时代，陀思妥耶夫斯基是最伟大的一个，没有一个人比这位性情狂暴、漫无边际的人发现过这么多灵魂中的处女地。对于这个漫无边际的人，按照他自己的话说就是"难以估量和无边无际之物正像大地自身一样迫切需要"。他在任何地方都不停住脚步。"我到处都跨越界限"，他在一封信里骄傲地同时也是自我控告地说道。他"到处跨越界限"，要把他所有越界的事实一一枚举几乎是不可能的。他在思想的冰冻的峻峰之上漫游，再降落到无意识的隐蔽之极的泉水源头。他多次攀登，仿佛梦游者似的攀登令人眩晕的自我认识的巅峰。如果没有他这个伟大的一切尺度的跨越者，人类对于自己天生的秘密知道的程度要少得多。我们通过他作品的高处眺望未来，能比以往任何时候都看得更遥远。

　　陀思妥耶夫斯基突破的第一道界限、为我们打开的第一个远方就是俄罗斯，那是他的故乡。他为全世界发现了他的民族，扩大了我们欧洲人的意识。他是让我们认识俄国人灵魂片段的第一人，并且把这种民族性作为世界灵魂中最珍贵的东西。在他之前，俄罗斯对于欧洲而言乃是一道边界线：是通向亚洲的通道、是地图上的一块，是我们欧洲自己野蛮的、已经克服的文化幼年时期的一小段往事。而陀思妥耶夫斯基则作为第一人让我们看到蕴藏在这荒漠中的未来的力量，从他之后，我们感到俄罗斯是新的宗教虔信的一种可能性，在人性的宏伟诗篇中的一句未来的话。他使世界的心更加多了一个认识和一个期待。

　　普希金（我们很难接近这位诗人，因为他那诗意的手段在每次翻译时会失去一些电力）只让我们看到了俄罗斯的贵族，托尔斯泰让我们看见家长制度下的普通农民——全是古老的、早已逝去的世界里与现世界分隔开来的人物。只有等到陀思妥耶夫斯基到来后，才以宣告新的可能性的方式来点燃了我们的灵魂，认识了这个新民族的天才。恰好在这场战争中①，我们感到，我们对俄国的认知都是通过他才知道的，他使我们能够感到，这个敌对国家也是心灵的兄弟国家。

但是比这种由于有了俄国观念、世界知识的扩展（因为这点也许普希金能够达到，如果他不在三十七岁就被决斗的子弹击中胸部的话）更加深刻和更加重要的是，我们灵魂的自我认识的那种极度扩张，这在文学中是没有先例的。陀思妥耶夫斯基是心理学家中的心理学家。人的内心的深渊像有魔力似的吸引他，那无意识的、潜意识的、无法测定的东西是他真正的世界。自从莎士比亚以后，我们没有学到那么多感情的秘密和它的限制的魔法般的法则；就像奥德修斯，这唯一从阴曹地府回来的人，谈到阴间世界，陀思妥耶夫斯基也谈到灵魂的阴曹地府。因为他也和奥德修斯一样，由一个上帝，一个妖魔陪同。他的疾病把他拉到普通尘世的人不能达到的感情的高峰，又把他带到人生彼岸的惊惶和恐惧的状况中，让他先在这尚未唤醒者和过分生机勃勃者的时而冰冷、时而火热的气氛中呼吸。就像夜行性动物习惯在黑暗中看东西，陀思妥耶夫斯基在朦胧的状况中也比别人在青天白日看得更加清晰。他近距离看清了疯狂的面目，犹如一个梦游患者，他稳稳当当地从感情的尖顶上走过，醒着的人和知情之人见到这些尖顶都纷纷晕厥过去。陀思妥耶夫斯基深入无意识的阴曹地府，比医生、法学家、犯罪侦察学家和心理病人都进得更深。科学要到以后才发现和命名的一切，所有那些心灵感应的、歇斯底里的、幻觉的、变态的现象，陀思妥耶夫斯基都已经凭着那种预见性的知悉内情和预感内情的神秘能力，作了描绘。他探究这些灵

---

① 指第一次世界大战。

魂的现象，一直追到疯狂的边缘（精神的漫无节制）和罪行的礁石上（感情的漫无节制），为此在灵魂的处女地上迈过了无限的障碍。一门古老的科学和他一起翻开了那些著作的最后一页，陀思妥耶夫斯基在艺术中开创了一种新型的心理学。

灵魂科学也有它自己的方法，艺术也是如此，它似乎是一个无限的整体，却永远有新的规律。在这里，全新的分解和确定，也有知识的演变，认识的进步。就像化学通过实验，似乎不可分割的元素的数量变得越来越少，但在看似简单的东西里还有合成物，同样，心理学通过日益推进的区分，感觉的整体分解为无限的冲动和反冲动。尽管有个别的人是有一切预见性的天才，但在旧有的心理学和新的心理学之间有一条分界线还是清楚可见的。

从荷马到莎士比亚其实只有单线的心理学。人还是像一个公式那样，带着一种有骨肉、有血性的特性：俄底修斯足智多谋，阿喀琉斯骁勇善战，阿雅斯怒火中烧，奈斯托耳睿智聪慧……这些人物的每项决定、每项行动都清晰而又公开地展现在他们意志的射击平面之上。莎士比亚这位新旧艺术转折时期的诗人依然还这样描绘他笔下的人物，总有一个主要特征来接受他们本质的反抗性的旋律。但也恰好是莎士比亚把第一个人物从心灵的中世纪预先送到我们新时代的世界中来。他在哈姆雷特身上创造了第一个很成问题的人物性格，成为现代性格多样的人物的祖先。在这里第一次本着新式心理学的意思，在自己身边创造了一个知晓一切的人，过着双重生活——外在的和内心的双重生活，在行动中思考，在思考中自我实现。在这里，人第一次过他自己的生活，像我们感到的那样，像我们这些现代人那样地感受，当然，还是从意识的朦胧状态中出来感受：这位丹麦王子被一个迷信的世界的道具所包围，魔汤和幽灵还对他焦虑不安的感官发生作用，代替了单纯的妄想和预感。

但是，从这里开始感情的双重分裂已经完成，这一惊人的心理学事件在这里已经完成。灵魂的新大陆已经发现，未来研究者的道路已经畅通无阻。拜伦、歌德、雪莱等浪漫派人物塑造的哈尔德·哈罗尔德①和维特②，在永恒的矛盾对立中感到自我的本性对冷漠的世界怀有激烈的情感，诗人们通过他们笔下人物的焦躁不安促进了各种感情的化学分解。精确的科学在此期间还给予他若干有价值的个别认识，然后就来了司汤达。司汤达对于感情像水晶似的凝结而成的过程、对感觉的多义性和转变能力比以往所有的人都知道得更多。他预见到人物每下定一个决心胸中都会发生神秘的斗争。但是他有一种天才灵魂的怠惰，他性格中的闲逛者是那样的懒散，还是无法澄清无意识世界的整个活跃状况。

一直等到陀思妥耶夫斯基出现，这个伟大的统一破坏者、这个永恒的二元论者撞见了这个秘密。只有他，不然就没有人对感情进行完美无缺的分析。在陀思妥耶夫斯基的作品里，感情的统一被撕得粉碎，成为一大堆东西，仿佛给他的人物装进去了另外一个灵魂，就像给所有以前的人物安装了另外一个灵魂一样。

在他之前所有诗人所做的最大胆的心灵分析和他所做的心灵区分相比，似乎显得肤浅，以前的心灵分析给人的印象就像三十年前编写的一本电气工程学的教科书一样，书中只暗示了一下基础知识，对于重要的原理还想都没有想到。在陀思妥耶夫斯基的灵魂世界里，简单的感情、不可分割的元素等，一切都是混杂物，是中间状态、穿透状态、过渡状态的形式。摇摇晃晃地化为

---

① 拜伦的长诗《哈尔德·哈罗尔德游记》的主人公。
② 歌德的小说《少年维特之烦恼》的主人公。

行动，意志和真实情况迅速交换，把感情震动得乱七八糟。人们一直以为已经达到了一个决心、一个追求的最后基点，却又一再回到另外一种追求中去。仇恨、爱情、性欲、快感、软弱、虚荣、骄傲、领袖欲、谦卑、敬畏，所有这些欲念都互相纠缠在一起，永远处于转变状态。

在陀思妥耶夫斯基的作品中，灵魂是一团乱麻，是神圣的混沌。在他笔下有渴求纯洁的醉鬼，有渴望忏悔的罪犯，有出于对纯洁无邪的尊敬而对少女施暴者，有出于宗教需要的亵渎上帝者。他的人物有所渴求，既希望遭到拒绝，又希望愿望得到实现。他们的抗拒若是完全展开，其实只是由于一种暗藏的羞耻，他们的爱情也是渐渐枯萎的仇恨，他们的仇恨乃是暗藏的爱情。

他的作品中有出于对受苦渴求的色鬼，又有出于对乐趣渴求的自我折磨者。他们愿望的旋涡以飞快的速度循环不已。在贪欲中他们已在享受，在享受中他们感到恶心；在行动中他们享受悔恨，在悔恨中又回过头来享受行动。在他们身上感觉似乎有上有下，有千百倍的增长。他们双手的行动并非他们心的行动，他们心灵的语言又不是他们嘴唇的语言。每种个别的感情都是这样四分五裂，多种多样，具有多种含义。

谁也没法在陀思妥耶夫斯基那里抓到感情的一致，谁也没法在一个语言概念的罗网中抓到一个人，你尽管称费奥多尔·卡拉马佐夫是纵欲者，这个概念似乎已把他交代清楚，可是不然，斯维特里盖洛夫①不也是一个纵欲者吗？还有《两重人格》中的那个无名大学生？可是，在他们之间和他们的感情之间可有着天壤

---

① 斯维特里盖洛夫是《罪与罚》中的人物。

之别啊！在斯维特里盖洛夫身上，性欲快感乃是一种冷冷的、没有灵魂的放纵行为，他从事他的淫乱勾当计划周密，讲究策略；卡拉马佐夫的性欲快感又是人生的欢乐，放纵行为会一直达到弄脏自己的地步，只因为这是生活，出于一种活力的极度兴奋状态想挤进生活的最底层，享受这种最下层生活熬出的药汁。前者是由于匮乏而成为纵欲者，另一位则是由于感情过度而成为纵欲者。对于后者是精神的病态激动，而对于前者则是一种慢性炎症。斯维特里盖洛夫又是性欲快感的中间人物，不犯大的恶行，只犯小恶行，像一个渺小的肮脏的小动物，而《两重人格》中的那个无名大学生则是从精神上的狠毒转变成性欲的变态行为。

大家看到，可以用一个概念把这些人概括起来，而现在他们当中横亘着千山万水，就像在这里性欲快感千差万别，溶解到它神秘的根部和组成的部件之中。所以在陀思妥耶夫斯基笔下，每一种感情、每一种冲动总会被引导到最深处、一切力量泉涌的根源，引导到找到自我和世界、坚持和献出、骄傲和谦卑、浪费和节省、个别和整体、向心力和离心力、自我提高和自我消灭、自我与上帝之间最后的对立。你可以根据瞬间的要求，提出对立面——介乎精神与肉体之间的那个世界的原始的感情。我们在他之前对于感情的复杂性和对于我们灵魂混杂性从来没有知道得这么多。

但是最使人感到意外的是，在陀思妥耶夫斯基的作品中，感情会融化在爱情中。这是他所有行动的目标。几百年来，长篇小说甚至整个文学，只是把男女之间这一中心感情当作一切存在的原始根源，陀思妥耶夫斯基则把长篇小说向下引导得更深，或者向上引导得更高，径直导向最后的认识。爱情在其他诗人那里是人生的最终目的，艺术作品的叙事目标。对陀思妥耶夫斯基而言，爱情并非原始的元素，而只是人生的阶段。对于别的诗人而言，灵魂和感官，男性和女性，完全彻底地消融在那个瞬间，鼓角齐鸣隆隆作响，这是互相和解的光荣时刻，一切纷争得到调停。归根结底，在他们，在其他诗人那里，人生的矛盾和陀思妥耶夫斯基相比，显得幼稚可笑。

爱情触动人的心，是从仙乡的云层里伸出来的一根魔杖，有伟大的魔力，难以解释，无法说明，是人生的最后一个奥秘。恋爱中人在热恋中：他很幸福，获得了他渴求的女人，如果没有得到，他便非常不幸。在所有的诗人笔下，重新被人所爱，高于一切。但是陀思妥耶夫斯基想要的更多。拥抱在他那里还不是结合，和谐还不是一致。对他而言，爱情不是一个幸福的状况，不是调和，而是提高了的争吵，是永恒的伤口的更加强烈的疼痛，因而是一份苦难的文献，一个比在普通的时刻更强烈的活受罪。

当陀思妥耶夫斯基笔下的人物彼此相爱的时候，他们并未停止。正好相反，他的人物从来也没有比在感到爱情得到回报的瞬间更被他们本性的各种矛盾所猛烈震荡。因为他们不愿沉溺在他们的感情之中，而是试图提高这种状况。他们是他性格分裂的真正的孩子，在这最后的时刻并不止步。他们藐视这一时刻柔和的解决方法（其他所有的人都把这一时刻当作最美好的时刻，渴望它的来到），男女恋人都同样强烈地彼此相爱，而又被爱，因为这是和谐、是结局、是界限，他们只是为无边无际而活着。

陀思妥耶夫斯基笔下的人物不想像他们被爱一样地爱，他们总是只想爱，只想成为受害者，只想成为给予更多、取得更少的人，他们在疯狂拍卖感情时，竞相超越，直到开始时是场温柔游戏的东西变成一声喘息、一声呻吟、一场斗争、一阵痛苦。在疯狂的转变中，当他们遭到拒绝、嘲笑、蔑视时，他们却能感到幸福，因为只有这时他们是给予者，无限的给予者，并不为此要求什么，因此在这位矛盾重重的大师这里，仇恨总是和爱情如此相似，爱情总是和仇恨如此相似。

但是在短暂的时间内，他们似乎又彼此相爱，感情的一致又一次遭到破坏，因为陀思妥耶夫斯基笔下的人物永远也不可能同时以他们感官和灵魂集中的力量彼此相爱。他们总是以这一样或者另一样相爱，在他们身上，肉体和精神永远也不和谐。只要看看他笔下的妇女群像：她们都是孔德里①，同时生活在感情的两个世界里，用她们的灵魂伺候圣杯，同时让她们的肉身在蒂图雷尔②的花丛中欲火燃烧。这种双重爱情的现象，在其他诗人那里是最为复杂的现象之一，而在陀思妥耶夫斯基这里却是家常便饭，司空见惯，不言而喻。

纳斯塔西娅·菲利波芙娜在精神上爱着梅什金，这温柔的天使同时凭着她性欲的激情，又爱梅什金的敌人罗戈任。在教堂门前，她挣脱了梅什金公爵，跑到另一人的床上。她从这醉汉的欢宴上又冲回到她救世主的身边。她的精神似乎站在天上，正惊恐万状地看着她的肉体在下面干些什么，她的肉体似乎正沉浸在催眠后的酣睡之中，而她的灵魂则心醉神迷地冲着别人。格鲁申卡也是如此，她同时既爱又恨第一个诱惑她的男人，激情似火地爱她的德米特里，又怀着敬意毫无肉欲地爱着阿廖沙。《青年》里的母亲，出于感激之情热恋着她的第一个丈夫，同时出于奴性和

---

① 孔德里，欧洲流行的圣杯传说中不幸的女巫，她相貌奇丑，是亦正亦邪、立场暧昧的女性形象。

② 蒂图雷尔是圣杯国王，为了保护耶稣留下的两件圣物——圣杯与圣矛建筑了城堡，招募了一群纯洁的圣杯骑士守护圣物。

谦卑也爱维尔西洛夫①。爱情这个概念的变化无穷无尽，无法估量。

别的心理学家用"爱情"这个名词轻率地把这些变化全都总结起来，就像过去时代的医生把一大堆疾病全都用一个名字予以概括。我们今天有上百个名字来称呼这些疾病，有上百种方法来治疗它们。爱情在陀思妥耶夫斯基那里可以是转变后的仇恨（亚历山德拉②）、同情（杜尼娅③）、对抗（罗戈任）、好色（费奥多尔·卡拉马佐夫）、自我施暴。在爱情后面总还有另外一种感情，一种原始的感情存在。爱情在陀思妥耶夫斯基那里从来不是基本的、不可分割的、不可解释的原始现象或奇迹：他总是在解释和分解最为激情如炽的感情。啊，这种转变无穷无尽，无边无际。每一个转变又呈现出各种形态，从水结成冰，又燃烧起来，无休无止，无法穿透，犹如人生的多姿多彩。我只想提醒大家想起卡杰琳娜·伊凡诺夫娜④，她在一次舞会上见到了德米特里，德米特里让别人把自己介绍给卡杰琳娜，却又侮辱了她。她于是憎恨德米特里。德米特里开始报复，让卡杰琳娜受到屈辱——卡杰琳娜反而爱他，或者她爱的不是德米特里，而是爱德米特里加在她身上的屈辱。她委身于德米特里，以为她爱德米特里，但是她爱的只是她自己做出的牺牲，只是她自己摆出的爱的姿态。她越是这样像在爱德米特里，就越是恨他。这种仇恨直指德米特里的生活，把它毁掉。就在她毁了德米特里的生活、她的献身仿佛被暴露为一场谎言、她受到的屈辱得到报复的瞬间——她又爱上了德

---

① 维尔西洛夫是《青年》中的人物。
② 亚历山德拉是《白痴》中的人物。
③ 杜尼娅是《罪与罚》中的主人公拉斯柯尔尼科夫的妹妹。
④ 《卡拉马佐夫兄弟》中米佳的未婚妻，米佳就是德米特里·卡拉马佐夫。

米特里！

　　爱情关系在陀思妥耶夫斯基的作品里就是这样复杂。在别人的那些书里，当彼此相爱的这对男女，经历过人生的一些艰难险阻之后互相找到，这时已到全书的最后一页。可这些书又怎么能和陀思妥耶夫斯基的书相提并论呢？在其他作家的书中结束的地方，陀思妥耶夫斯基的悲剧才刚刚开始，因为他不要爱情，不要两性之间不冷不热的和解当作世界的意义和胜利。他又和古希腊文学伟大的传统连接起来，在那里，一个命运的意义和伟大不在于赢得一个女人，而是能够经受得起整个世界和群神的考验。在陀思妥耶夫斯基的笔下，人昂头挺立，并不是看着女人，而是犟头倔脑地对抗上帝。他的悲剧比那些讲述一族人与另一族人、男人与女人之间的悲剧更加宏伟。

　　认识到陀思妥耶夫斯基的写作目的，就知道：从他那里已经没有返回的路了。一种艺术要想真实，那么它从现在开始就不能把击碎感情的小圣人图像供出来，就不能再把长篇小说拘囚在社会和感情的小圈子里，不能再把照亮灵魂神秘的中间王国蒙上阴影。他作为第一人，把人的预感给了我们，而我们自己就是第一批和往昔不同的人，在感情上更是有差别，因为我们比以往所有的人承载了更多的认识。谁也没法估量，在陀思妥耶夫斯基的书籍发表之后的五十年里，我们已经和他笔下的人物有多少相似之处，从他的预感中已经有多少预言在我们的血液里、在我们的精神中得到了实现。他作为第一人跨进去的处女地，也许已经是我们的国土；他跨越的界限，也许已经是我们安稳的故乡。

　　他已经预言般地从我们现在经历的、我们最后的真实情况中揭开了无穷无尽的东西。他给予了我们一个新的尺度来丈量人的深度：在他之前从来没有一个凡人，知道灵魂那么多不朽的秘密。但是奇妙的是：尽管他扩大了我们对我们自己的认识，我们并没有因为他的认识而忘却那崇高的感情，我们应该谦卑，并且感到人生是些超自然的东西。我们通过他而变得更有意识，这并不能使我们更加自由，而只是使我们更受约束。因为尽管现代人认识到闪电是个电的现象，认识到并称它是大气的电压和放电，觉得闪电不像过去许多代人感到的那么强大有力，却并不能减少我们对人类的敬畏。恰好是陀思妥耶夫斯基——这个伟大的剖析者，这位感情的解剖学家，非常在行地向我们显示了比我们时代所有其他诗人都更加深邃的、更加包罗万象的世界感情。在他之前，没有一个人像他这样深刻地认识人。他也不像任何人那样敬畏这个创造了他的不可理解之物：神性与上帝。

（九）上帝的折磨

上帝折磨了我一辈子。

——陀思妥耶夫斯基

"到底有没有一个上帝?"伊万·卡拉马佐夫在那次可怕的对话中厉声斥责他的双身人魔鬼。可诱惑者只是微笑，并不急于回答这个最艰难的问题去解除一个备受折磨的人的重负。伊万"以他愤怒的顽固劲头"在对上帝狂怒之际，催逼撒旦：在生存的这个最重要的问题上必须给他回答。但是魔鬼只是拨动一下焦躁不耐的炉条。"我不知道，"他这样回答那个绝望的人。只是为了折磨人，魔鬼对于这个关于上帝的问题不作回答，让他经受上帝的折磨！

陀思妥耶夫斯基笔下所有的人物，还有他自己，身上都有这个撒旦。撒旦提出这个有关上帝的问题而不作答。所有的人都赋予了那个"更崇高的心灵"，这个心能够用这些令人痛苦的问题自我折磨。另外一个变成人形的魔鬼斯塔夫罗金突然向那个谦卑的沙托夫盛气凌人地厉声问道："您相信上帝?"他把这个问题像把灼烧的钢刀凶狠地扎进沙托夫的心窝。沙托夫脚步跟跄地直往后退。他浑身发抖，面无人色。因为在陀思妥耶夫斯基的笔下，恰好是最正直的人要表白自己的信仰时，会浑身颤抖（而陀思妥耶夫斯基自己在神圣的惊恐之中也不停地哆嗦）。等斯塔夫罗金一再催逼，沙托夫才嗫嚅着从苍白的嘴唇里说出一句遁词："我相信俄罗斯。"仅仅为了俄罗斯的缘故，他才承认信仰上帝。

这个暗藏的上帝是陀思妥耶夫斯基所有作品的问题，上帝在我们心里，上帝在我们身外，唤醒上帝。作为真正的俄国人，这个数以千百万计的人民塑造出来的最伟大最本质的俄国人，根据他自己下的定义，这个关于上帝和灵魂不朽的问题是"人生最重要的问题"。他的人物，无一可以回避这个问题：这个问题就长在他身上，作为他行动的影子，有时跑在他们前面，有时作为悔恨黏在他们背上。他们逃离不掉这个问题，唯一的一个试图否定它的这个思想的、惊人的殉道者——《群魔》中的基里洛夫不得不自杀，为了杀死上帝——从而证明比任何人都更加激情四射，证明上帝的存在和无法摆脱。

请大家看一看陀思妥耶夫斯基的谈话，他的人物如何想要避免谈论上帝：他们一直乐于进行低级的谈话，进行英国小说中的"闲聊"。他们谈论农奴制，谈论女人，谈论西斯廷教堂的圣母像，谈论欧洲。但是关于上帝问题永远挂在每个题目上面，最终把它魔法似的拽到它的深不可测的特性之中。在陀思妥耶夫斯基那里，每次讨论都以俄罗斯思想或上帝思想告终——我们看见，这两个思想对他而言是一致的。俄罗斯人、他笔下的人物，就像在他们的感情中那样，在他们的思想里也不会停步。他们不可避免地从实际的、真实的事情进入抽象的领域，从有限的进入无限的领域。所有问题的终点都是上帝问题。它是一个内在的旋涡，把他们的思想全都吸引进去，再引起纷争。

陀思妥耶夫斯基的上帝是一切骚乱不宁的源头。并不像在古代大师的画幅上那样，不像在神秘主义者的著作里那样，是高悬在云端之上漂浮不定的轻柔云彩，幸福悠闲冥思遐想的崇高神灵——陀思妥耶夫斯基的上帝是原始对照的电流两极之间跃动的火星，他的上帝不是本质，而是一种状况，一种电压的状况。创造他的那个人，是个不知餍足的上帝，任何努力也无法把他征服，任何思想也无法让他枯竭，任何献身也无法使他满足。他是个永远无法企及的，是一切痛苦中的痛苦，因此从陀思妥耶夫斯基胸中迸发出基里洛夫的呐喊："上帝折磨了我一辈子！"

这是陀思妥耶夫斯基的秘密：他需要上帝，可是没有找到。有时候他觉得他已属于上帝，他的狂喜已经拥抱住他，这时他那否定的需求又铿锵作响，把他打到地上。谁也没有比他更强烈地认识到他需要上帝。他有一次说过："我之所以觉得需要上帝，因为他是我们唯一可以永远爱的东西。"他另一次说："对于人而言，再也没有比找到一个永远可以让他弯腰屈膝的东西，更加毫不停顿，更加折磨人的恐惧的了。"六十年之久，他忍受着这个上帝给他的折磨。可是他爱上帝犹如爱他受到的每一种苦难，他爱上帝超过一切，因为上帝意味着一切苦难中最为永恒的苦难，而对苦难的热爱意味着他生存的最深刻的思想。他奋斗了六十年之久，为了接近上帝，像枯草渴求甘露似的渴求着信仰。

这个永远被炸得四分五裂的人希望合成一体，这个永远遭到追逐的人渴求休息。这个永远被驱赶着穿过一切激情急流的人，这个像江河一样汹涌澎湃的人渴望找到出路，渴望得到宁静，渴望找到大海。所以他梦想上帝是个安慰，而找到的上帝却只是烈火。他愿意自己变得非常渺小，就像精神昏迷的人，以便能够进入上帝之中。他愿意能够盲目迷信，就像"十普特①重的女商贩"一样，愿意放弃做最了解一切、头脑最清醒的人，为了变成一个虔诚的信徒。他像魏尔兰②似的祈求："请让我变成一个单纯愚钝的人。"让脑子在感情之中烧毁，涌入上帝的宁谧之中，像动物一样的迟钝，这就是他的梦想。啊，他俯身向前，冲着上帝。他热切地怒吼，他大叫大嚷，他向上帝撒出大网来捕捉他。他用证明布下最大胆的猎狐陷阱；他的激情像支利箭射向高处。他对上帝的渴求乃是他的爱，一种"几乎是不正经的"激情，一阵疾病发作，一阵热情奔放。

可是就因为他要这样狂热地相信上帝，所以他就是一个虔诚的信徒？难道陀思妥耶夫斯基这个东正教的口齿伶俐的辩护者，自己便是一个笃信基督的诗人吗？肯定在有的瞬间：痉挛到无限的境界，他在抽搐中依赖上帝。他握住在尘世间失败的和谐，于是他这个人，这个被他内心的矛盾钉在十字架上的人，在独立的天国中得到复活。但是，不知什么东西在他身上依然清醒，并没有在灵魂的烈火中消融。正当他显得六神无主的时候，完全沉浸在超现实的酩酊醉意之中时，那个残忍的分析精神正怀疑地埋伏在旁，测量他想沉没其中的大海。也是在上帝的问题上，我们每个人身上天生的无可救药的矛盾也迸裂开来，但是没有一个凡人像陀思妥耶夫斯基那样，把这深渊的口子拉得那么宽。

他是众人当中最虔诚的信徒，但在同一个灵魂里他也是最绝对的无神论者。他在他的人物身上，把两种形式的可能性令人信服地描写出来（自己并不信服，自己也未做决定）。一方面，他

---

① 沙俄时代的重量单位。一普特为 16.38 公斤。
② 魏尔兰（1844—1895），法国象征派诗人。

表现出自我献身的谦卑，自己像粒灰尘似的融化在上帝之中；另一方面，他又趋向最为了不起的极端，自己变成上帝："认识到有一个上帝，同时也认识到，自己没有变成上帝，这种认识实属胡闹，这只会促使人自杀。"

陀思妥耶夫斯基的心既在上帝的奴仆身上，也在上帝的否定者身上；既在阿廖沙身上，也在伊凡·卡拉马佐夫身上。他并没有在他的作品添加的持续不断的宗教会议①上做出决定，既站在信奉者一边，也站在异教徒这边。他的信仰是在"是"和"否"、世界的两极之间的一股强烈交流电。便是在上帝面前，陀思妥耶夫斯基也是一个伟大的人。

所以他一直是西西弗斯②，永远把石头推到认识的高坡上，石头又一而再地滚落坡下。这个永远努力接近上帝的人，永远也未能到达上帝身边。但是我没弄错吧：陀思妥耶夫斯基对于人们而言，不是伟大的信仰宣扬者吗？通过他的著作，不是像奏响管风琴似的响起上帝的颂歌吗？他所有的政治、文学的作品不是全都异口同声、态度专横、不容怀疑地证明上帝的必要性和上帝的存在吗？不是都颁布了东正教的合法性，否定了无神论，并斥之为罪大恶极的罪行吗？但是请诸位在这里不要把主观愿望和真实情况相混淆，不要把信仰和信仰的假定相混淆。陀思妥耶夫斯基这位永远颠倒的诗人，只是更加热烈地向其他人宣扬——而他自己并不相信。他从西伯利亚写信给一位女士："我想和您谈谈我自己。我是这个时代的孩子，一个无信仰的孩子、怀疑的孩子。

---

① 宗教会议由教皇主持，高级神职人员参加，做出教会重大决定。
② 西西弗斯，希腊神话中的人物，是科林斯的建立者和国王，是人间最足智多谋的人。因触犯众神遭到惩罚，每天把巨石推上山顶，由于巨石太重，每每未到山顶巨石又滚落下去，前功尽弃。西西弗斯的生命就在这件无效无望的劳作中消耗着。

很可能，是啊，我确切知道，直到我生命的尽头，我都将一直是这样一个人。对信仰的渴望多么可怕地折磨着我，即使是现在这种渴望还折磨着我，我拥有的反面证明越多，这种渴望便越强烈。"

他从来也没有明确地说过：他对信仰的渴望是出于无信仰。正因为他"不"相信，并且知道这种无信仰的痛苦——根据他自己说的话，他一直只为了自己而热爱这种痛苦，对别人怀有同情——因此他向别人宣扬对上帝的信仰，而他自己并不相信上帝。这个受到上帝折磨的人，想要创造一个因上帝而幸福的人类，这个痛苦的没有信仰的人想要有一批幸福的虔诚的信徒。这个钉在自己无信仰的十字架上的人，向民众宣扬东正教的教理，对他的认识施暴，因为他知道，这种认识撕裂了、焚烧了信念，他宣扬谎言，这谎言给人以幸福，给人以严格的、文字的、农民的信仰。而他，"一粒芥末籽大的信仰"也没有的人，这个反抗上帝的人，像他自己骄傲地说的，"以同样的力量表达无神论，在欧洲无人能和他相比"。

可他要求大家屈从东正教的神父统治。为了使人们不致受到上帝的折磨——他自己可是和大家不一样，在自己的肉体上受到过这种折磨——他宣布对上帝的爱。因为他知道："在信仰问题上摇摆不定，心情上骚动不安——这对于一个认真的人而言，是个如此严重的折磨，他宁可上吊而死。"他自己并不回避这种痛苦，作为殉道者，他把这种怀疑扛在自己身上，但是对于人类、他无限热爱的人类，他要使人类免受这苦刑。所以他没有趾高气扬地宣布他了解的真实情况，而是宣布一种信仰的谦卑的谎言。他把宗教问题推到民族问题之中，把这种问题的狂热赋予民族性。就像是宗教问题最忠实的奴仆，他在回答"您相信上帝吗"

这个问题时，做出了他一生最真诚的忏悔："我相信俄罗斯。"

因为这是俄罗斯：他的逃避所、他的遁词、他的救星。在这里，他的话不再有矛盾，而是变成了教义。上帝为他而沉默，这样他就作为中间人，在他内心给自己创造一个新的基督、一个新人类的宣告者、一个俄罗斯的基督。从现实世界出发，他把他巨大的信仰需要扔到一个不确定的东西身上——因为这个漫无节制的人只能献身给一个不确定的东西、一个无边无际的东西——扔进这个大得惊人的思想俄罗斯中，扔进这个他用他那信仰的漫无节制来加以充实的文字中。他作为另一个约翰①，宣告了这个新的基督，自己却并没有见过。但是他用他的名义、用俄罗斯的名义为全世界讲话。

他的这些救世主的文章——他的政治文章和卡拉马佐夫兄弟的有些感情爆发——都很晦涩。这个新的基督的面容模糊不清地在他的面前浮现——这个新的普救众生和大众和谐的思想及这张拜占庭的面容连同生硬的轮廓和严峻的皱纹。陌生的、逼人的眼睛像从古老的被香烟熏黑的东正教的圣像上凝视着我们，眼里满含着炽烈的感情，无限的热情，但是也含有仇恨和严厉。当陀思妥耶夫斯基向我们这些欧洲人宣告俄罗斯被解救的消息时，他自己也很可怕。

这个政治家，这个宗教狂热分子站在我们面前，活像一个凶狠的、狂热的中世纪的僧侣，手里握着拜占庭的十字架，就像握着一根鞭子。一个谵妄症患者、一个疾病患者处于神秘的痉挛状态，不是在柔和的布道中宣告他的学说，而是在妖魔般的狂怒发作时，宣泄他漫无节制的激情。他抡起大棒把每一个反对意见全

---

① 约翰，《新约全书》中的人物，他预告了耶稣的降生。

都打压下去。然后这个发着高烧的病人，带着傲慢，目光炯炯，充满仇恨，猛冲上讲台。嘴上挂着白沫，双手颤抖着，把祛除妖魔的符咒扔向我们的世界。

作为一个圣像破坏者，一个疯狂的圣像毁灭者，他扑向欧洲文化的圣物。这个伟大的癫狂者把我们的理想全都踩在脚下，为了给他新的、俄罗斯的基督扫平道路。他的莫斯科式的焦躁不安发作起来，唾沫四溅，直到疯狂的地步。欧罗巴，这是什么？也许是个公墓，排列着一些珍贵的坟墓，不过现在发出一阵阵腐臭，都已不配用来充当新种子的肥料。新的种子只会在俄罗斯的土地上发芽开花。

法国人——虚荣成性的纨绔子弟，德国人——一个低下的制造香肠的民族，英国人——一批冷静理智的小商贩。天主教——一种魔鬼的学说，对基督的嘲讽；新教——一种貌似明智实则肤浅的国家信念，这一切全是对唯一真正的信奉上帝的信仰的嘲讽：对俄罗斯教会的嘲讽。罗马教皇——头戴三重冠冕的撒旦；我们的城市——巴比伦，《约翰启示录》中的场景；我们的科学——一种虚荣的骗人把戏。民主——柔软的脑子炖出来的稀薄的汤水，革命——愚人和被人愚弄的人干的一种不靠谱的卑劣行径，和平主义——老太婆的连篇废话。欧洲所有的思想都是一把业已枯萎凋零不堪的花束，只配扔到粪坑里去。唯有俄罗斯的思想是唯一真实的，唯一伟大的，唯一正确的。这个疯狂的跨越界限者像马来狂人似的闷头向前直奔，手执匕首把每个异教徒戳倒在地："我们理解你们，但是你们不理解我们。"——每次讨论都以流血告终。他宣称："我们俄罗斯人全都理解，你们是有局限性的。"只有俄罗斯是正确的，在俄国的一切，沙皇和暴力统治、东正教神父和农民、三驾马车和圣像都是正确的。越是反对欧洲、越是保守的，越是正确！他欢呼起来："让我们做亚洲人吧，让我们做萨尔玛腾①人吧，离开彼得堡这座欧洲城市，回到莫斯科，再朝前到西伯利亚去，新的俄罗斯就是第三帝国。"

这个醉心于上帝的中世纪僧侣容不得大家讨论，打倒理性！俄罗斯就是教义，不容反驳，必须信奉。"理解俄罗斯不是用理性，而是用信仰。"谁若不对它屈膝跪拜，就是敌人，就是反基督徒，发动十字军对他进行征战！他吹起嘹亮的战争号角。奥地利必须被踩得稀烂，新月旗必须从君士坦丁堡的索菲亚大教堂上扯下，德国必须受到羞辱，英国必须被战胜——一种疯狂的帝国主义把他的傲慢裹在僧人的长袍里，他大声喊叫："上帝要求这样！"为了上帝的王国，为俄罗斯征服全世界。

俄罗斯于是成了新的救世主，我们成了异教徒。没有什么东西能把我们这些遭到唾弃的人，从我们自己罪孽的炼狱中拯救出来：我们犯了罪，不是俄国人。我们的世界不属于这新的第三帝国：我们欧罗巴世界在这个俄罗斯的世界帝国里，在这新的上帝的王国里首先必须沉沦，然后才能得救。他非常直白地说："每一个人都必须首先变成俄国人。"然后新的世界这才开始。俄罗斯是承载上帝的民族：它首先得用宝剑去征服全球，然后才向人类说出他"最后一句话"。这最后一句话对于陀思妥耶夫斯基而言乃是和解。对他而言，俄罗斯的天才在于能理解一切，解决所有的矛盾。俄罗斯人是理解一切的人，因而也是在最高意义上能迁就的人。他的国家、他的未来的国家将是教会，将有兄弟般共同相处的形式，是互相渗透而不是上下隶属的关系。

---

① 萨尔玛腾，东欧黑海东北部的一片古地。即今天的波兰东部和苏联欧洲部分，维斯图拉河与伏尔加河中间的地带。

　　这听上去像是这场战争①发生的各种事件的序幕（这场战争一开始被他的思想所滋养，结束时则被托尔斯泰的思想所滋养），他说："我们向全世界宣布，我们不是想通过镇压别人和陌生民族来争取达到自己的繁荣昌盛，而是相反，只在各民族的最为自由、最为独立的发展和彼此兄弟般的联合中寻找这些。"越过乌拉尔山②永恒的太阳即将冉冉升起，将以它那和大地阴暗的秘密相结合的各种力量一起拯救我们世界。不是权力而是劳动者的爱，不是人与人之间的抗争，而是普遍人性的感情，这新的俄罗斯的基督将带来普遍的和解，各种矛盾得以解决。老虎将在羔羊旁边放牧，狍子将在狮子旁边吃草——当陀思妥耶夫斯基谈到第三帝国时，他的声音颤抖得多么厉害；当谈到世上的大俄罗斯时，他自己在信仰的心醉神迷之中哆嗦得多么厉害；当这个熟知现实世界一切的人沉浸在救世主般的迷梦之中时，他是多么妙不可言啊。

　　因为陀思妥耶夫斯基把这个基督的梦、把各种矛盾和解的思想倾注到俄罗斯这几个字上，倾注到俄罗斯这个思想之中，他历经六十年之久一直在他的生活中、艺术中，甚至在上帝那里寻找这些矛盾的和解，但是白费力气。然而，这个俄罗斯是真的吗？真正的还是神秘的，政治的还是预言的？在陀思妥耶夫斯基这里总是这样：两者都是。向一个激情如炽的人要求逻辑性、向一个教义要求理由，全是徒劳。

　　在陀思妥耶夫斯基关于救世主的文章里、在他的政治作品和文学作品中，概念像发疯似的搅个乱七八糟。一会儿俄罗斯成了

---

　　①　指第一次世界大战。

　　②　位于俄罗斯中西部，是欧洲与亚洲的分界山脉，北起北冰洋喀拉海沿岸，南至乌拉尔河河谷，绵延 2500 多公里。

基督，一会儿成了上帝，一会儿成了彼得大帝的帝国，一会儿又成了"新的罗马"、精神和权力的结合，教皇的三重冠冕和皇帝的皇冠的结合。它的首都时而是莫斯科，时而是君士坦丁堡，时而是新耶路撒冷。谦卑至极的最富人性的理想，生硬地换成贪图权力的斯拉夫人的征服欲。政治的星相学，关于奇妙的不祥的预言，精准惊人。时而他把俄罗斯这个概念逼到狭小的空间，时而又把它弹到无边无际的高空之中——在这里也和在艺术品中一样，同样是嘶嘶直叫的水火相容，显示现实主义和幻想交融。他身上妖魔般的人、疯狂的夸张者，平时在他的长篇小说里被迫限制在一个尺度里面，而在这里他在神秘莫测的痉挛中尽情享受。

怀着全部热忱，他布道说：俄罗斯是世界上唯一使人得到幸福的地方。在欧洲从来没有一种民族思想比在陀思妥耶夫斯基的著作中的俄罗斯思想宣扬得更高傲、更诱人、更使人陶醉、更使人销魂荡魄。他把俄罗斯思想当作世界思想向欧洲宣扬。

这个崇拜他那种族的狂热分子、这个毫无怜悯之心的俄罗斯布道者、这个傲慢的论战性小册子的作者、这个不诚实的信奉者，起先看上去像是一个依附在伟大形象上的无机生物。但是恰好是了解陀思妥耶夫斯基人格的必要途径。不论我们在陀思妥耶夫斯基身上有什么现象不懂，都必须在对比中寻找它的必要性。我们不要忘记：陀思妥耶夫斯基永远是"是"与"否"的统一体，既是自我消灭，又是自我高扬，是个趋向尖端的对比。这种夸大的倨傲只是一种谦卑的对立，他那拔高的民族意识，只是他那受到过度刺激的个人虚无感的对立感觉而已。

他仿佛把自己一分为二：骄傲和谦卑。他使自己的人格受到屈辱：诸位不妨审查一下他那长达二十卷的作品，看有没有哪怕一个涉及虚荣、骄傲、傲慢的字眼！作品中只找到自我矮化、恶心、控告和屈辱。他所拥有的一切骄傲全都注入种族，注入他那民族的思想之中。凡是适用于他孤立人格的一切，他全都消灭；凡是适用于他身上非个人的东西，适用于俄罗斯人和人性之人的东西，他都提高来加以崇拜。他从不信仰上帝，却变成宣扬上帝的布道师；从不相信自己，却变成他民族和人类的宣示者。便是在思想上，他也是一个殉道者。为了解救思想，他把自己钉在十字架上。"我宁愿自己沉沦，只要别人能够幸福。"——他笔下的人物修道院院长佐西玛说的这句话，他把它转化为精神。他毁掉自己，为了能在未来的人身上复活。

因此陀思妥耶夫斯基的理想是：做一个和他自己不同的人。感觉和他平时不一样的感觉，日子过得和他平时不一样。这个新人要从最细小的地方和他原来相反，从他自己本质的每一个影子制造出一道亮光，从每个黑暗传来一片光明。他从否定自我创造出肯定，对新人类的激情四射的肯定。这种有利于未来的人而进行的史无前例的、对他自我进行的道德上的批判，一直持续到肉体之中，为了众人的缘故而消灭掉自我。

大家不妨把他的画像、他的照片拿来放在那些他用来塑造他理想人物的画像旁边：放在阿廖沙·卡拉马佐夫旁边，放在佐西玛长老旁边，放在梅什金公爵旁边，这三幅速写是他用来草拟俄罗斯基督、草拟救世主的。一直到细枝末节，画上每根线条都说明和他自己相反，和他形成对比——陀思妥耶夫斯基的脸一片阴沉，充满了秘密和阴暗，那些人物的脸则开朗、平和、坦然。他的嗓音嘶哑，说话断断续续，而那些人物的嗓音则温和、轻柔。他的头发蓬乱、深色，他的眼睛深陷不安；那些人的面容明亮，旁边围绕着柔发，他们的眼睛闪闪发光，没有不安和惊惧的神色。

他特别强调他们的眼睛直视前方，目光含有孩子般甜蜜的微笑。他的嘴唇极薄，嘴角飞快地掠过嘲讽和激情的皱纹，不会发出欢笑——阿廖沙、佐西玛则在闪亮的洁白牙齿上面，露出自信的、无拘无束的微笑。他就这样一步一步地把他自己的画像，作为反面来对照新人的模样。他的脸是一个捆绑起来的人的脸，一张奴性的脸，承担着思想的重负；而他们的脸则表现出内心的自由，没有内心障碍，悠然自得。他是内心分裂的二元论，他们是和谐、是一致。他是自我之人，拘囚在自己心里；他们是众人之人，从他们本性的各个尽头涌入上帝之中。

这样用自我毁灭来创造一个道德上的理想——在精神的和道义的各个范围内，从来没有比这种创造更完美的了。仿佛是出于自我批判，他切开了他本性的血管，用他自己的鲜血描绘了未来人的画像。他还是那个激情如炽的人，浑身痉挛，快步腾跳，他的热情是一种感官或者神经爆炸后腾空而起的火焰；而他们的热情则是柔和的、始终深受感动的、纯洁的余火。他们寂静地坚定不移，比极度兴奋的狂野跳跃跳得更远。他们有着真诚的谦卑，不怕显得可笑，他们不像那些永远受屈辱者和受侮辱者、受阻碍者和被弯曲者。他们可以和每个人谈话，每个人和他们在一起都感到宽慰——他们不想伤害别人，或者被人伤害，他们不会每走一步就左顾右盼，东问西问。上帝不再折磨他们，而是使他们得到抚慰。

他们知道一切，懂得一切，他们不审判、不批判，不为各种事情苦思冥想，而是怀着感激之忱表示相信。奇怪的是，这样一个永恒的骚动不安的人，在这从容不迫、得到净化的人身上看到人生的最高形式，这个内心矛盾的人认定一致是最后的理想，这个反抗者最后的理想是屈服上帝对他的折磨，他的怀疑变成了确定无疑，他的歇斯底里变成了痊愈，他的痛苦变成了拥抱众人的幸福。人生最终和最美的东西对他而言，是他自己这个有意识的、过分有意识的人从来也不知道的，因而也是他渴望为人得到的最崇高的东西：天真烂漫和那温柔的不言而喻的兴高采烈。

请诸位看一下他笔下最亲爱的人们，瞧他们如何迈步前进：唇上总挂着一丝温柔的微笑，他们知晓一切，可是并不骄傲。他们战胜了人生的死敌，战胜了"痛苦和惊恐"，因而身处无限关爱之中，像上帝一样幸福。他们摆脱了他们的"自我"。人世间的孩子最高的幸福乃是没有自我——这样一来，最高的个人主义者把歌德的智慧转变为一种新的信仰。

精神的历史没有在一个人身上进行过类似的道德上自我毁灭的先例，没有从对比中产生类似的有益的理想的先例。陀思妥耶夫斯基充当了他自己的殉道者，把自己钉在十字架上。他的知识证明有信仰，他的身体通过艺术创造了新的人，为了普天下而放弃了他的特性。他要把他自己的毁灭当作典型，以便更加幸福美好的人类就此产生：他把一切苦难全都放在自己身上。

长达六十年之久，为了其他人幸福的缘故，他把自己的矛盾扩展到痛苦至极的程度，把他的内心搅得乱七八糟，以便能找到上帝，从而也找到人生的意义——为了新的人类。他把累积起来的认识全都抛开，他要对新的人类说出他最深刻的秘密，说出最后的公式、他最为难忘的公式："要多爱人生，超过爱人生的意义。"

（十）凯旋人生

不论怎么说，人生都是美好的。

——歌德

看看陀思妥耶夫斯基所在的深渊，道路是多么黑暗，景色是多么阴惨，路程漫长是多么令人压抑，多么神秘地酷似他的可悲的容颜，把人生的一切痛苦全都刻在上面！深不可测的各层心灵地狱、灵魂的紫色炼狱、最深的竖井，凡人的手曾经伸到感情的阴曹地府中去的最深的竖井。在这人间世界有多少黑暗，在这黑暗之中又有多少苦难！在他所在的地球上有多少悲哀！"这个地球被泪水浸透，一直湿到它最深处。"在这阴曹地府的深处，比先知但丁在一千年前看到的地狱深处更加阴暗。人性尚未泯灭的受害者，自己感情的殉道者，受到精神各种鞭子的折磨，怒火冲天。啊，陀思妥耶夫斯基的这个世界，是个什么样的世界啊！所有的欢乐都遭到屏蔽，所有的希望都遭到放逐，面对苦难无法援救。苦难，这无限高耸的围墙，伫立在它所有的受害者的四周！

难道就没有怜悯之心可以拯救他们？就没有一个人可以在深

处炸毁这个地狱？他用痛苦创造的这个地狱中就没有一个是上帝的人？

人声嘈杂、悲叹哀告从这个深渊喷涌而出，人类从来没有听见过这样的声响，从来没有那么多黑暗汇聚在一本书上。即便是米开朗琪罗的雕像也没有表露出这么多的悲哀，在但丁的地狱之上还闪耀着乐园的幸福光彩。难道在陀思妥耶夫斯基作品里的人生真的只是永恒的黑夜，受苦受难是一切生命的意义？灵魂颤抖着俯身下望深渊，不寒而栗，只能听见它兄弟的痛苦和哀鸣。

但是有一句话从深渊里浮起，在人声鼎沸之中轻柔地升起，在深渊之上飘浮，宛如一只鸽子翱翔在波涛汹涌的大海之上。这句话说得轻柔，可是意义宏大，这句话给人幸福："我的朋友们，不要害怕生命！"这句话之后是一片沉寂，深渊战栗地谛听。这声音飘浮着，越过一切苦痛，这声音说道："只有通过痛苦我们才能学会热爱生命。"

谁说的这句安慰人于苦难之中的话？是众人中受苦最多的陀思妥耶夫斯基。他那摊开的双手还钉在他矛盾的十字架上，痛苦的铁钉还钉在他皮肤皲裂的身体里。但是他谦卑地亲吻这人生行刑的工具。当他对那些同命运的兄弟们叙说这伟大的秘密时，他的声音柔和："我相信，我们大家都必须先学习热爱生活。"

他这番话开启了新的一天。坟墓和监狱纷纷裂开，死者和囚禁者都从底下走来。他们大家都走来，成为他的话语的使徒，从他们的悲哀中他们站起身来。他们从囚牢里、从西伯利亚的流放地里争先恐后地挤着走来，身上的镣铐还叮当作响。从偏远的陋室里、妓院里和僧舍里挤过来，他们大家，这些激情的伟大的受苦受难者们：鲜血还沾在他们手上，他们受过鞭笞的脊背还发出巨痛。他们依然愤怒，但是哀告和怨诉已在他们嘴里停歇。他们的泪水闪耀着信赖的光芒，他们的诅咒变成了祝福，因为他们听见了欢迎救世主的"和撒那"①的呼喊声。"和撒那"的呼喊声"穿过一切怀疑的炼狱"。最低落的人是第一批人，最悲哀的人是最虔诚的人，他们大家都挤过来，证实这句话。从他们嘴里，从他们粗糙的、干裂的嘴巴里，苦难的颂歌、生命的颂歌作为宏伟的齐唱圣歌响起。这些殉道者全都到场来赞美生命。德米特里·卡拉马佐夫这个无辜受到谴责的人，手上还拴着铁链，使出全身的力气欢呼："我将克服一切苦难，只为了能对我说'我活着'。即使我在行刑台上痛得扭来扭去，可我知道'我活着'。钉在苦役船上，我还看见太阳，即使看不到太阳，可我毕竟还活着，知道那是太阳。"他的弟弟伊万走到他身边，宣称"再也没有比死更加不可挽回的事了。"人生的狂野犹如一把钢刀插进他的胸中，这个否定上帝的人欢呼起来："我爱你，上帝，因为生命是伟大的。"

永恒的怀疑者斯捷潘·特罗菲莫维奇②从他临死时躺的枕头上坐起来，合着手，嗫嚅着说："啊，我多么想再活下去啊，每分钟、每个瞬间都必然是人的幸福。"众人的声音变得越来越嘹亮，越来越清澈，越来越高昂。梅什金公爵，这个糊里糊涂的人，扇着他那悠游自在的翅膀，张开双臂热烈地说道："我不理解，有人走过一棵树，居然因为这棵树活着，大家爱它，而不会感到幸福……人生每走一步路，都会有多少奇妙的东西啊，这些东西，即使遭到唾弃的人也会感到它们妙不可言。"

佐西玛长老宣讲道："那些诅咒上帝和人生的人，是在诅咒

---

① "和撒拿"亦作"和散那""贺撒纳"等，圣经用语，赞美上帝时的欢呼之声。
② 即《群庵》中的主要人物，俄国自由主义者。

他自己……你若热爱每样东西，上帝的秘密将在万物之中向你显示，最后你将以包罗万象的爱拥抱全世界。即便是'来自偏僻小巷的人'，身穿破旧的小外套、卑微羞怯的无名之辈也挤过来，张开双臂：'生命就是美，只有在受苦受难之中才有意义。啊，生活是多么美好啊！'"那个"可笑的人"也从他的睡梦中出现，所有的人都像蛆虫一样从他们存在的角落里爬出来，为了参加合唱这宏伟的圣歌。谁也不愿死，谁也不想放弃那被人神圣热爱着的生命，任何苦难都没有深沉到他愿意用死去换取。

这个地狱绝望的黑暗突然消失，炼狱里燃烧起狂热的感激的火焰。无限的光明涌来，陀思妥耶夫斯基写的最后一句话在人们头上轰然响起，神圣的声音和野蛮的呼喊伴随着孩子们的声音响起："乌拉生命（生命万岁）！"

啊，生命，美妙的生命，你以熟知一切的意志创造了殉道者，以便他们能歌颂你；啊，生命，睿智残忍的生命，你用苦难使大人物也听命于你，以便他们宣扬你的胜利！约伯的永恒呼唤响彻了几千年，是因为他在折磨之中认识了上帝。你想一再听到他这呼喊和人们高唱的欢歌，而他们的身体却在烈火熊熊的炉子里烧烤。

你让这些诗人变成受苦受难者，以便他们听命于你，在爱情中提到你的名字！你根据音乐的意愿拍打贝多芬，使得这失聪之人听见上帝的轰鸣，已为死亡所触碰，还为你谱写致朋友的颂歌。你把伦勃朗赶进贫穷的阴暗角落，使他在色彩中寻找光线，属于你的原始的光线。你把但丁赶出祖国，使他在幻梦中见到地狱和天堂。你用你的鞭子把所有的人都赶到你的身边。

而这个人，你并没有把他像别人一样鞭打过，你也迫使他成为你的奴仆。看啊，他倒在地上，浑身抽搐，从他满是唾沫的嘴唇里，传来欢呼声，"穿过所有的怀疑的炼狱"。在那些让他们受苦的人们身上，你取得了多大的胜利啊。你使黑夜变成白天，使苦难变成爱情，你从地狱里取来神圣的赞歌。因为这受苦最深的人也是众人中知晓最多的人，知道你的人必须祝福你。他是那个认识你最深的人，他比任何人都更好地证明了你，他比任何人都更爱你！